Eine gute Soße ist wie ein Mantel, unter dem sich mancher Fehler verdecken läßt, eine schlechte, wie ein See, in dem das beste Gericht untergeht.

(Ulrich Klever)

ULRICH KLEVER

Das RÖMERTOPF® Saucen - Buch

230 Soßenrezepte mit ausführlichem
Soßenführer »Welche Soße wozu?«
»und 30seitigem Spezialteil für kalorienarme Fertigsaucen«

RÖMERTOPF International — E. Bay

D-5412 Ransbach-Baumbach

ORIGINALAUSGABE

2. Auflage

Gesamtherstellung: marabout s.a., Verviers
Printed in Belgium 1974

ISBN 3-87059-095-5 Bay-Best.Nr.: 980 95

ROMERTOPF

INHALT

RÖMERTOPF

Die problemloseste Kochmaschine der Welt

Seit sieben Jahren, als ich in der Schweiz zum ersten Mal »Pollo alla Creta« gegessen hatte, ist für mich der Ton beim Braten tonangebend. Ich aß dieses ungemein knusprige, ungemein saftige, dabei überhaupt nicht fettige, dafür aber ungemein wohlschmeckende Hähnchen in Zürich bei einer Köchin aus Leidenschaft. Als ich diplomatisch versuchte, ihr das Rezept zu entlocken, sagte sie zunächst, die Methode sei tausende von Jahren alt. Und sie erzählte mir von unseren Vorfahren, daß sie Hähnchen (und anderes Fleisch) im Rohzustand in Ton packten, den Klumpen ins Feuer legten, die feste Hülle dann zerschlugen und das duftende, im eigenen Saft gebratene oder gedünstete Fleisch servierten. Da ich ihr diese Tonbrennerei nicht abnahm, zeigte sie mir die Form, die man auseinander nehmen konnte und die den Effekt (wegen der das Fleisch umhüllenden Luftschicht) noch verbesserte. Das Rezept? Es war so simpel wie viele der besten Rezepte. Die Form in Wasser legen, daß sie Feuchtigkeit aufnimmt, das Hähnchen würzen, und in der geschlossenen Form ins Rohr stellen. Auf 200 Grad aufheizen und knappe zwei Stunden darin lassen. Das ist alles.
Begeistert fragte ich im STERN »Braten Sie schon in Ton?« und viele Leser schrieben mir interessiert, wo es denn solche Töpfe gäbe und was man alles darin machen könne.
Da kam zur rechten Zeit der RÖMERTOPF auf den Markt und wurde zur erfolgreichsten Küchenidee der sechziger Jahre: das natürliche, geschmackserhaltende und gesunde Braten hat Millionen Hausfrauen überzeugt und begeistert. Genau so wie ich ein überzeugter Anhänger des RÖMERTOPFS geblieben bin.

Mein Hauptgrund: Im RÖMERTOPF kann man von Geflügel über Braten bis zu Fisch, Aufläufen, Eintöpfen und Gemüsen alles nahezu fettlos zubereiten. Das heißt, die Fett-Dosierung ist ganz dem eigenen Wunsch und Geschmack überlassen, es gibt keine absolut notwendige Mindestfettmenge! Wer will, kann völlig ohne Fett auskommen. Das hat mir in der Zeit, als ich mein Gewicht stark reduzierte, sehr geholfen. Denn man vermißt das Fett nicht : die Gerichte überzeugen durch ihren eigenen, ihren natürlichen Geschmack.

Womit wir beim **zweiten Argument für den** RÖMERTOPF sind: Ich liebe ein Hähnchen, das nach Hähnchen schmeckt, ein Roastbeef, dessen braune Kruste genau die Röststoffe hat, um deren Willen wir Gebratenes schätzen. Ich liebe Bohnen, Möhren, Kartoffeln, Rosenkohl oder Paprikaschoten, bei denen man noch den Garten zu schmecken glaubt und die Vitamine, die sie enthalten. Bei denen man noch die Kräuter erkennen kann, mit denen man sie würzte. Und ein Fisch soll für mich noch eine Ahnung von Meer und Fluß haben. Kurz, ich liebe den natürlichen Geschmack der Dinge und der bleibt im RÖMERTOPF erhalten.
Wie das kommt?
Der RÖMERTOPF arbeitet im Grundprinzip wie ein Dampftopf, nur ohne Druck und mit einer schonenden Ventilation durch die Ton-Poren. Denn wasserdicht glasiert darf so ein tönerner Topf nicht sein, dann wäre er nichts anderes wie ein Keramiktopf. Dadurch daß wir den RÖMERTOPF, besonders das Unterteil, vor dem Kochvorgang wässern, saugen sich seine Poren voll Flüssigkeit. Das bewirkt, daß er das Hähnchen oder das Stück Fleisch oder was wir sonst in den Topf gegeben haben, zuerst mit einer sanft garenden Dunstschicht umgibt, und daß der Topf selbst nichts von den wertvollen Fleisch- und Gemüsesäften aufnehmen kann. Durch dieses Garen im eigenen Saft geht aber auch garnichts von den Geschmackstoffen verloren: nichts laugt in Wasser aus, nichts wird in heißem Fett verbrannt. Zuerst werden Fleisch, Fisch oder Gemüse gedünstet, zum Schluß gebraten. Es ist ein kombinierter Vorgang, der die Lebensmittel im RÖMERTOPF so unnachahmlich gar macht, ein Vorgang, für den unsere Kochsprache noch kein eigenes Wort hat. Man könnte

diesen Prozeß vielleicht dunstbraten oder dampfbraten oder saftbraten nennen.
Doch die Leute von RÖMERTOPF-International haben eine neue Bezeichnung gefunden und zwar: tossieren. Tossieren heißt ohne zusätzliches Fett dünsten und gleichzeitig braten im RÖMERTOPF.
Deshalb hat der RÖMERTOPF auch Bratstege, damit ein Braten nicht voll im eigenen Saft liegt und daher von unten her nicht knusprig wird. Denn der Boden eines RÖMERTOPFS ist ebenfalls eine küchentechnische Besonderheit: er wird nicht über 100 Grad heiß. Deshalb kann im RÖMERTOPF der Saft nicht verschwinden, auch wenn man den Topf einmal eine halbe Stunde über die Zeit im Rohr läßt. Deshalb kann im RÖMERTOPF nichts anbrennen. Die Küchenphysiker haben es genau gemessen: nach 60 Minuten in einem Bratrohr mit 240 Grad Temperatur erreicht der Boden des RÖMERTOPFS knapp 100 Grad und hält sie konstant (die Seitenwände übrigens auch) bis zu 150 Minuten Dauer, dann war der Experimental-Schweinebraten braun und knusprig servierbereit. Im Innenraum des RÖMERTOPFS war bis dahin die Temperatur auf 180 Grad gestiegen, genau richtig, um ihn braun zu braten.
In einem Vergleichstopf aus emailliertem Stahl wurde der Boden schon etwa bei 35 Minuten 100 Grad heiß und die Temperatur kletterte dann relativ schnell, überschritt die 100 Grad, um nach 2 Stunden auf 170 Grad zu sein, im Topfinnenraum herrschte zu dieser Zeit eine Hitze von 210 Grad.
Die Gefahr des Verbrennens bestand.
Der RÖMERTOPF ist also ein Kochautomat, der gleichzeitig am Boden dünstet und im oberen Teil brät. Das geht in keinem Gefäß aus anderen Materialien (Glas oder Metall).
Jetzt verstehen Sie, warum man in den üblichen Bratgefäßen den Braten begießen muß, warum man relativ viel Fett braucht oder reichlich Wasser. Und warum im RÖMERTOPF das alles wegfällt und die Lebensmittel schonend gar gemacht werden.
Und noch eins kommt dazu: beim tossieren muß man sich zwei Stunden lang überhaupt nicht um das Essen kümmern. Er macht alles von selbst. Deshalb habe ich ihn im Stern schon den »Kochautomat aus der Steinzeit« genannt und im Fernsehen eine »Kochmaschine ohne Probleme«. Etwa eine Stunde lang wird

das Fleisch gedünstet, dann ist die Temperatur so gestiegen, daß das Braten beginnen kann. Natürlich brät der Topf nur, wenn wir Fleisch darin haben oder einen Fisch ohne Flüssigkeit. Machen wir Gemüse oder einen Eintopf, dann ist immer soviel Flüssigkeit da, daß der Bratvorgang nicht einsetzt. Einen Rat für die Praxis: gar ist ein Hähnchen bestimmt schon nach 60 Minuten, der Bräunungsvorgang setzt dann ein. Wer es besonders knusprig mag, nimmt in den letzten zehn Minuten (von 75 bis 85 Minuten) den Deckel ab. Besser schmeckt es aber, wenn wir den Deckel nicht abgenommen haben! Das ist ja das Schöne an unseren heutigen Kochmöglichkeiten: wir können im Grill Hähnchen ganz knusprig grillen, im RÖMERTOPF können wir sie knusprig, herzhaft und besonders aromatisch tossieren. Das ist, wie Sie gelesen haben, ein ganz anderer Kochvorgang.

Zwischenfrage einer sparsamen Hausfrau: Das Garen im RÖMERTOPF dauert länger als in den herkömmlichen Töpfen. Das kostet doch mehr Geld?
Normaler Weise müssen wir zu den üblichen Garzeiten etwa 1/4 bis 1/3 der Zeit hinzurechnen. Das sind im allerhöchsten Fall 45 Minuten. 45 Minuten Betrieb einer Backröhre kosten 12 Pfennig. Sie sparen aber bei jedem RÖMERTOPFgericht mindestens 50 Gramm Fett, Sie sparen die Zeit, die Sie sich während des Kochvorgangs überhaupt nicht um den RÖMERTOPF kümmern müssen. Sie sparen das anschließende Säubern der Backröhre, denn ein Braten im RÖMERTOPF spritzt nicht, er tropft nicht, er verbrennt nicht. Der RÖMERTOPF selber ist ebenfalls im Nu gereinigt. Mit etwas warmem Wasser und einer winzigen Menge Spülmittel entfernen Sie Speise- und Saftreste (es legt ja nichts richtig an!) und öffnen die Poren des Tons für den nächsten Tossier-Vorgang.
Rechnen Sie sich bitte diese Ersparnisse aus. Selbst wenn Sie Ihre Arbeitszeit nur gering ansetzen (leider gilt ja die Arbeitsstunde der deutschen Hausfrau im Ansehen des Ehemannes nicht viel): die 12 Pfennig Mehr-Stromverbrauch haben Sie sofort — allein schon mit der Fettersparnis — reichlich eingeholt. Abgesehen davon, daß das Braten und Kochen im RÖMERTOPF — eben das tossieren — sehr gesund ist.

Zwischenfrage: Warum ist das Essen aus dem RÖMERTOPF **gesund?**
Die größte Eßsünde der Deutschen: wir essen zu fett. Statt der notwendigen, von der Ernährungswissenschaft ausgerechneten 75 Gramm Fett pro Tag (wobei die in Fleisch, Wurst, Eiern, Käse und Kuchen versteckten Fette mitgerechnet sind) essen wir im Durchschnitt 130 Gramm. Diese Zahl steigt leider von Jahr zu Jahr. Nun bietet der RÖMERTOPF eine Garmethode an, bei der Fett ganz entscheidend eingespart werden kann. Dieses Einsparen hilft uns, den Durchschnitt zu drücken. Besonders da die versteckten Fette immer reichlicher werden: der Käse wird fetter, die Milch und die Wurst.
Allein dieser Pluspunkt — Verminderung des Speisefetts — ist nicht hoch genug anzurechnen.
Das zweite Plus ist die Erhaltung der Vitamine, Mineralien und Nährstoffe. Durch das schonende Saftbraten, wird der vitaminfressende Luftsauerstoff ferngehalten. Sie wissen doch, je mehr man ein Gemüse während des Kochens umrührt, um so mehr bringt man es mit immer wieder frischem Luftsauerstoff in Berührung und um so sicherer macht man alle Vitamine kaputt. Im RÖMERTOPF wird nichts umgerührt, nichts kann entweichen, das Garen geschieht ganz schonend: die Vitamine bleiben erhalten. Genauso die wertvollen Mineralstoffe und Spurenelemente. Sie sind nicht nur für unsere Gesundheit wichtig, sie geben einem Gericht den guten Geschmack. Es gibt einen sicheren Weg, sie zu entfernen: zum Beispiel Gemüse in sehr viel Kochflüssigkeit aufsetzen. Während des Kochens wird es gründlich ausgelaugt, alle Mineral- und damit Geschmackstoffe gehen in die Flüssigkeit über — wir haben anschliessend eine feine Gemüsebrühe. Im RÖMERTOPF ist immer nur die natürliche Flüssigkeit vorhanden, garnichts kann ausgelaugt werden. Es gibt übrigens ein ganz einfaches Anzeichen dafür, ob etwas seine Mineralstoffe und Spurenelemente behalten hat. Wenn es so schmeckt, wie es von Natur aus schmecken soll, dann können wir sicher sein. Und gibt es etwas natürlicher schmeckendes, als zum Beispiel ein Gemüse aus dem RÖMERTOPF?
Fazit: Im RÖMERTOPF tossieren, das heißt natürlicher und wohlschmeckender essen!

Tossieren ist ein Kinderspiel

Um einen köstlichen Braten oder einen männerbeglückenden Eintopf im RÖMERTOPF zu machen, braucht man nicht kochen zu können. Denn dieses Kochgefäß ist ganz problemlos.

Wie sehen denn alle Kochvorschriften für den RÖMERTOPF aus?

- Man wässert den Topf…
  man gibt die Zutaten zusammen mit den Gewürzen hinein
  man schließt ihn mit dem Deckel.
- Man schiebt ihn in das Bratrohr.
- Man stellt das Bratrohr auf 200 oder 220 Grad — nur beim Gasherd muß man noch in drei 5-Minuten-Schritten von klein bis zur mittleren Flamme aufheizen.
- Man stellt den Küchenwecker auf 2 oder 2 1/2 Stunden ein.
- Man braucht sich jetzt nicht mehr um den RÖMERTOPF kümmern, bis es klingelt.
- Man braucht keine Angst zu haben, daß etwas anbrennt.
- Man nimmt den Topf aus einem sauberen Bratrohr und stellt ihn auf den Tisch.
- Man spart also Geschirr und damit Abwasch und der Topf selbst ist mit wenig warmem Wasser und wenig flüssigem Spülmittel sofort gereinigt. Mit reichlichem Nachspülen mit frischem Wasser präpariert man ihn schon für den nächsten Kochvorgang.

Eigentlich braucht man sich nur zwei Dinge zu merken:

1. In einen kalten RÖMERTOPF **gießen wir nichts Heißes.**

2. In einen heißen RÖMERTOPF **geben wir nichts Kaltes.**

So einfach ist das.

Sicher sind Sie jetzt genau wie ich davon überzeugt, daß der RÖMERTOPF die problemloseste Kochmaschine der Welt ist.

Und die einfachste.

Und die älteste.

Machen wir uns eine 2000jährige Erfahrung zu Nutze.

BAY
KERAMIK

* SOSSENTOPF

Ein Beitrag zur Esskultur rund um den Tisch.
Zeitgemäßes Design, formschön und zweckmäßig aus flammfester Keramik geformt, geben diesem Topf seine unverwechselbare Note.
Er eignet sich gleichermaßen gut zur Zubereitung von heißen und kalten Speisen sowie Suppen und

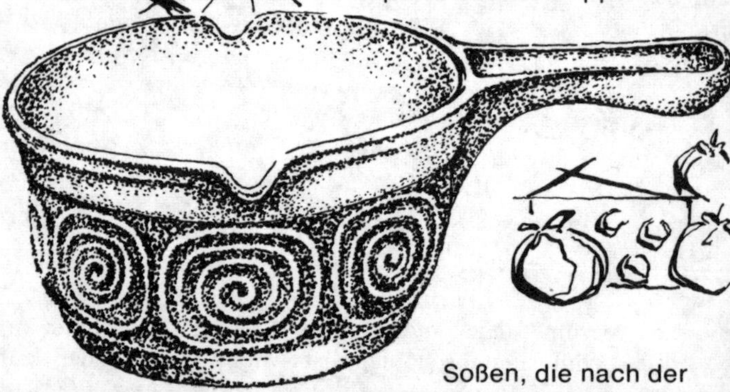

Soßen, die nach der Zubereitung direkt in ihm serviert werden können.

Ein praktischer Helfer in der Küche und die ideale Ergänzung zum Bay-RÖMERTOPF.

DIE SOSSEN UND DER RÖMERTOPF FÜR KALORIENBEWUSSTE

Einen Einwand, den mir Leser häufiger geschrieben haben, will ich hier entkräften. Ich will darüber hinaus eine Rezeptsammlung geben, die sich dem so erfolgreichen Buch »Braten und Schmoren im RÖMERTOPF« zugesellt.
Der Einwand: Beim RÖMERTOPF bekomme ich ja keine Soße!
Nun muß man diesen Notruf aus dem besonderen Verhältnis erklären und verstehen, das wir in Deutschland zur Soße haben. Wir essen hierzulande gerne Soßen, etwa 25 Liter pro Kopf und Jahr. Doch diese Soßen sind meist zu fett und zu kohlenhydratreich, das heißt, es wird mit viel zu viel Mehl gearbeitet. Man rührt in den Bratsaft, in die Gemüseflüssigkeit oder gar in Fett Mehl, viel Mehl, läßt es weiß oder bräunen und glaubt, man sei so kochschöpferisch tätig und mache eine Soße. Wird dieser Pamps auch noch mit Wein »verfeinert«, dann nimmt er den Speisen jeden Eigengeschmack und wenn man die dicke, kalorienträchtige Flüssigkeit dann auch noch mit Kartoffeln oder Nudeln verknetet, ist es kein Wunder, wenn behauptet wird, Soßen machen dick.
Die französische Küche ist berühmt und sie ist eine reine Saucenküche. Trotzdem gibt es weniger dicke Franzosen als Deutsche. Warum? Jede Soße wird in Frankreich entfettet und der Löffel zum Fettabschöpfen ist wichtiger als der zum Umrühren. Das können wir leicht übernehmen, vor allem, da wir beim RÖMERTOPF relativ fettarme Grundlagen für unsere Soßen bekommen oder sowieso freie Soßen machen müssen.
Dafür gibt es jetzt zum RÖMERTOPF einen BAY-Keramik-Soßentopf, der feuerfest ist, sodaß Sie in ihm die Soßen kochen können. Sie können ihn ohne Drahtnetz sofort auf die Elektroplatte oder Gasflamme stellen. Der außerdem so hübsch ist, daß Sie in ihm die Soßen auch servieren können, der in seiner

rustikalen Art genau zum RÖMERTOPF paßt, aber für seine normale Kochfunktion glasiert wurde und der einen Gießer hat, damit Sie die Soßen gleich aus diesem Topf gießen können.

Die Kochflüssigkeit als Soßengrundlage

Wie wir wissen, entsteht beim Saftkochen im RÖMERTOPF eine gewisse Menge Flüssigkeit. Sie wird, durch die langsame Verdunstung während des Tossier-Vorgangs nach außen, allmählich eingedickt. So entsteht ein langsam gargewordener Bratsaft mit einer Menge natürlicher Würzstoffe, der eine vorzügliche Basis für jede spätere Soße bildet. Hierbei brauchen wir kaum zu entfetten — es sei denn, das Fleischstück ist von sich aus recht fett — und wir brauchen kaum zu binden, da der Saft alle seine natürlichen Bindemittel enthält und schon aufbereitet hat. Haben wir im RÖMERTOPF ein Gulasch zubereitet, dann können wir ohne weiteres etwas Flüssigkeit, ein wenig Speisestärke oder Rahm zugeben und durchrühren. Wir lassen diese Soße dann noch im heißen Topf etwa 15 Minuten mitköcheln. Verwenden wir keine Speisestärke, sondern nur Rahm, so braucht er vielleicht 5 Minuten, um die Soße aufs Beste abzurunden. Wir müssen nur daran denken, daß die zugegossenen Flüssigkeiten nicht kalt sein dürfen. Wir erhitzen sie vorher bis eben ans Kochen oder — eine Brühe zum Beispiel — wird kochend zugefügt. Dadurch vermeiden wir, daß die Form eventuell springt und wir verkürzen auch die Fertigstellung der Soße.
Die meisten Soßen aber werden wir in einem anderen Gefäß aus Metall oder im BAY-Keramik-Soßentopf auf der Kochplatte kochen, wozu wir den Bratensaft abgießen und als Basis benutzen. Das ist bei allen großen Fleischstücken unumgänglich, da sie ein gründliches Verquirlen der Soße verhindern. Aber auch bei Gemüse-Fleisch-oder-Fisch-Kombinationen sollte man die Soße gesondert kochen. Im RÖMERTOPF rührt es sich nicht allzu leicht, außerdem präsentiert sich nicht umgerührtes

Essen im RÖMERTOPF appetitlicher als durchgerührtes.
Bevor wir uns den Soßen in der Praxis zuwenden, noch eine kleine Geschichte, die uns daran erinnern soll, beim Soßenkochen sorgfältig zu sein. Im Altertum revoltierten die Vögel dagegen, daß sie immer nur mit der gleichen Soße gegessen wurden. Es war ihnen zu langweilig, zu phantasielos. Der Dichter Aristophanes hat eine Komödie darüber geschrieben, wie sich die Vögel rächen, in dem sie in ihrem Wolkenkuckucksheim die Wohlgerüche der Opfergaben und die Küchengerüche der Erde auffangen und nicht zu den Göttern lassen.
Der Protest der Vögel half, inzwischen sind viele Soßen erfunden und auch wieder vergessen worden. Ihr großes Jahrhundert war das achtzehnte, als die Pariser Sauciers ihre eigene Gilde gründeten und Graf Austin de Croze 3000 Rezepte sammelte. Und als der Adel durch die französische Revolution arbeits- und einkommenlos wurde, fuhr gar mancher Graf mit einem Gewürzkoffer in nicht-revolutionäre Länder und verdingte sich als Soßenkoch.
Heute hat die klassische Küche die gängigen Soßen auf etwa 600 reduziert, wovon die meisten sich von den vier Grundsoßen ableiten : der weißen Soße, der braunen Soße, der Buttersoße und der Ölsoße (die bekannteste Ölsoße ist die Mayonnaise).

Was Sie über Soßen wissen sollten

Eine Soße, die in Deutschland manchmal auch Tunke genannt wird, ist laut Brockhaus »eine verschieden zusammengesetzte Flüssigkeit, die als Beigabe die eigentliche Speise schmackhafter machen oder ihren Nährwert erhöhen soll.« Kochklassiker Brillat-Savarin ist da schon etwas präziser: »Die Sauce ist eine gewürzte Flüssigkeit, die den Geschmack eines Gerichtes angenehm ergänzen soll, ohne ihn zu übertönen oder gar zu verfälschen.« Das heißt im übrigen: Soße soll nie Selbstzweck sein, es sei denn, wir servieren einmal Nudeln oder Reis nur mit Soße. In diesem Fall aber übernimmt die Soße die Funktion des Fleisches und des Gemüses.

Merken wir uns: Entweder sollen Soßen die trockenen Beilagen des Essens geschmeidiger, bekömmlicher und köstlicher machen, oder aber sie sollen Zusammengehörendes binden oder sie sollen beim Gratinieren und Überbacken eine Schutzschicht bilden, die das zu Überbackende abschirmt und sich selbst angenehm braun oder golden färbt. Je nach ihrem Verwendungszweck müssen die Soßen sämig, dickflüssig oder noch dicker sein. Sie dürfen nur nie wässerig oder pappig wirken. Ausnahme: Reiner ungebundener Bratensaft, den man nur gewürzt hat. Außerdem sollen Soßen appetitlich aussehen. Deshalb geben viele Soßenköche ihre Soßen durch ein Sieb, das Gewürzkörner, Mehlklümpchen und Zitronenschalen auffängt. Sind allerdings diese Zutaten in Stückchen für ein Rezept wesentlich wie zum Beispiel Champignons, Trüffeln, Zungenwürfel oder auch Zwiebeln, dann darf natürlich nicht durch ein Sieb geschüttet werden. In der Kochsprache nennt man diesen Vorgang »passieren«. Wichtig an einer Soße ist die richtige Würzung. Sie darf nicht zu stark und aufdringlich sein, aber auch nicht fade und nichtssagend. Da eine gute Soße immer nur den Eigengeschmack einer Speise unterstützen und hervorheben soll, ihn aber nicht verdecken, bedeutet das für die Praxis: eine Soße kann nicht die Mängel der Qualität und der Zubereitung verdecken. Sie kann im Notfall einmal kaschieren, daß das Fleisch ausgelaugt oder das Gemüse nicht mehr neu war. Aber das kann uns beim RÖMERTOPF ja nie passieren.

Außerdem reichen wir die Soße nicht kübelweise, die Losung heißt: wenig, aber gut. Präzise bedeutet das: etwas weniger als einen viertel Liter für 4 Personen. Die Fertigsoßen aus Tüten und Schachteln sind auch auf diese Menge eingerichtet. Es können aber auch gut und gerne 6 Personen sich mit einem viertel Liter Soße bedienen.

Die weiße Soßen-Familie

Die weißen Soßen basieren auf einer Grundsoße, die den französischen Namen »Velouté« trägt und aus Butter, Mehl und

Flüssigkeit hergestellt wird. Die Flüssigkeit ist in diesem Fall das Element, das den Geschmack der Soße bestimmt, denn von ihr hängt ab, ob wir eine fade Mehlschwitze bekommen oder eine richtige Soße.

Einfaches Grundsoßen-Rezept

- *25 g Butter,*
  30 g Mehl,
  ½ Liter Kalbs- oder Hühnerbrühe,
  Salz,
  weißer Pfeffer.

Die Butter in einer Kasserolle schmelzen lassen, sie darf nicht braun werden. Feines Mehl darin glatt rühren, ohne daß es Farbe annimmt. Mehl und Butter sollen sich zu einer hellen Creme verbinden. Zeigen sich kleine Bläschen, dann wissen wir, daß der unangenehme Geschmack des rohen Mehls verschwunden ist. Dann gießen wir die Flüssigkeit dazu, nach meiner Methode kalt bis lauwarm und auf einmal (in Kochbüchern steht es immer anders). Dann rühre ich mit einem Holzlöffel kräftig bis zum Kochen. Das gibt keine Klümpchen. Sollten Sie aber Klümpchen bekommen, dann stürzt die Küchenwelt keineswegs zusammen, dann rührt man die fertig gekochte Soße einfach durch ein Sieb. So eine helle Grundsoße sollte 10 bis 15 Minuten kochen, die Angaben in klassischen Kochbüchern mit Kochdauer von anderthalb Stunden halte ich für überholt.

Nun ist das Problem bei dieser Grundsoße die Kalbs- oder Hühnerbrühe. Gewiß, wir können dafür Würfel nehmen oder aber den Sud von einem Kalbsragout, das wir im RÖMERTOPF von Anfang an mit ⅛ Liter Flüssigkeit (vielleicht sogar Weißwein) angesetzt haben. Dann wird es so gut wie in der klassischen Küche. Zu einem echten Kalbsfond gehören ein Kilo Kalbsknochen, 125 g Kalbfleisch, zum Beispiel von der Haxe, 1 Liter Wasser, 1 Kräutersträußchen, 1 Zwiebel und 1 Glas Weißwein. Das wird etwa 4 Stunden lang leise gekocht, dazwischen abgeschäumt und entfettet. Man darf nur bei offenem Topf kochen, damit die Brühe klar bleibt. Natürlich kalt aufgesetzt und die verdampfte Flüssigkeit nachgeschüttet. Zum Schluß wird der Fond durch einen Leinenlappen geseiht.

Das wollen wir gleich vergessen, denn außer Hobby- und Berufsköchen hat dazu niemand mehr Zeit.
Die Berufsköche in den Küchen der Fertigsuppenindustrie nehmen sich allerdings die Zeit. Und so ist denn auch die Helle Soße, die von den großen Soßenherstellern angeboten wird, ein perfektes Hilfsmittel, um in runden 5 Minuten eine weiße Grundsoße zu machen. Abgeschmeckt und gewürzt, so gut wie wir es kaum können. Wobei wir das Soßenpulver natürlich mit Sud aus unserem RÖMERTOPF anrühren dürfen. Noch einfacher geht es mit Instant-Soße. Denn das ist ja der Witz der Grundsoße, daß wir durch geringe Veränderung der Zutaten immer wieder neue Soßen herstellen können.
Nehmen wir also die fertige helle Soße, bei der uns die Industrie vor allem das langwierige und teure Fond-Kochen abgenommen hat. Sie ist nach Meinung der Köche noch garnichts: nur das Fundament, die Ausgangsposition für alle hellen Soßen. Dabei ist zunächst die Flüssigkeit wichtig, mit der wir diese Grundsoße anrühren. Wir können es:

1. mit Fleischbrühe (Kalb oder Rind);
2. mit Geflügelbrühe;
3. mit Fischsud;
4. mit Milch.

Nehmen wir uns als Beispiel die Nummer 4 heraus, dann sind wir schon am Ende angelangt. Denn während die Fleisch-, Geflügel- und Fisch-Grundsoßen noch keine eigenständigen Soßen sind und noch mit Eigelb oder Rahm, mit Butter oder (und) Zitronensaft verfeinert werden müssen, ist die weiße Milchsoße durchaus servierfähig. Wir kennen sie unter dem Namen.

Béchamel-Soße

1. Herkömmliche Zubereitung:

● *25 g Butter,*
25 g Mehl,
1/4 Liter Milch,
Salz,
Pfeffer (oder Prise Muskat),
nußgroßes Stück Butter.

Butter schmelzen lassen, Mehl dazugeben. Gut verrühren und

einige Minuten auf kleinem Feuer köcheln. Vom Feuer nehmen, die Milch dazugießen, durchrühren und wieder bei etwas größerer Hitze unter ständigem Rühren zum Kochen bringen. Fast garnicht einkochen lassen, möglichst sofort vom Herd auf den Tisch bringen, nachdem die Soße mit Salz und Pfeffer (oder etwas Muskat) abgeschmeckt und das Butterstückchen untergerührt wurde.

2. Moderne Zubereitung :

● *50 g Schinkenspeck,*
1 Zwiebel,
¼ Liter Wasser,
¼ Liter Milch,
1 Schächtelchen helle Soße.

Den Speck ganz klein würfeln und in einem Topf auslassen. Die Zwiebel fein schneiden, darin eben Farbe annehmen lassen. Wasser und Milch dazugießen. Den Inhalt des Schächtelchens auf einmal mit einem Schneebesen in die Flüssigkeit rühren und unter Umrühren aufkochen lassen. Bei kleiner Hitze etwa 2 Minuten kochen.

Ob der gleichnamige Ex-Geldverleiher, spätere Marquis und Haushofmeister des Sonnenkönigs die Soße auch erfunden hat, ist nicht gewiß. Sicherlich wurde sie ihm von einem karrieresüchtigen Koch gewidmet. Sie ist sehr vielseitig. Dick gekocht, ist sie der ideale Gratinüberzug, denn sie läßt sich sehr gut überbacken. Sonst paßt sie gut zu Gemüsen wie Blumenkohl, Schwarzwurzeln, Möhren, zu Kartoffeln als Kartoffelgemüse, zu Brokkoli, Lauch, Sellerie oder gemischten Pilzen.

Da wir von der Béchamel-Soße wieder weitere Soßen ableiten können, wird sie eine Soßen-Mutter genannt.

Die wichtigsten, deren Rezepte noch genauer im Rezeptteil auftauchen werden, sind:

1. **Mornay-Soße** (durch Zugabe von geriebenem Käse, Butter und Muskat) ;
2. **Aurora-Soße** (Béchamel wird mit etwas Tomatenmark morgenrot rosa gefärbt) ;
3. **Meerrettichsoße** (mit geriebenem Meerrettich vermischen) ;
4. **Creme-Soße** (wir nehmen zum Aufkochen halb Milch, halb Rahm) ;

5. **Chantilly-Soße** (unter die fertige Béchamel wird geschlagene Sahne gezogen) ;
6. **Soubise-Soße** (die Soße wird mit einem kräftigen Zwiebelpüree vermischt).
Sie sehen, in der Soßen-Küche geht alles recht ordentlich zu. So auch in der Abteilung eins:

Soßen auf Fleischbrühen-Basis

Hier heißt die Mutter-Soße — sie bekam ihren Namen von Frankreichs Vater aller Köche Carême — Sauce allemande oder Deutsche Soße. Ein poetischer Name, weil der Koch dabei an das Blondhaar der deutschen Frauen dachte. Hier ist die helle Grundsoße (Schächtelchen plus Fleischbrühe oder abgeschmeckte Mehlschwitze) mit ein wenig Champignonssud, einem Eigelb und 5 cl (50 ccm oder $^1/_2$ Deziliter) süßer Sahne verfeinert worden.

Auf dieser Mutter bauen sich auf:
1. **Champignon-Soße Nummer eins** (feingehackte und geschmorte Champignons werden zugerührt);
2. **Kapernsoße** (in die fertige Soße werden Kapern eingelegt) ;
3. **Kräutersoße** (die Soße wird mit feingehackter Petersilie, Kerbel, Estragon und einigen Spinatblättchen abgeschmeckt und grün gemacht);
4. **Weißweinsoße** (zum Schluß wird mit etwas Weißwein abgeschmeckt);
5. **Duchesse-Soße** (rohen gehackten Schinken und zusätzlichen Rahm unterrühren);
6. **Devonshire-Soße** (mit einigen Tropfen Worchestershiresauce abschmecken, mit gewürfelter Zunge verrühren).
Die Deutsche Soße und ihre Kinder passen zu gekochtem Fleisch, vornehmlich Rind, Kalb oder Lamm. Zu Geflügel, zu gekochten Fischen und zu Gemüsen wie Spargel, Artischocken, Blumenkohl, Erbschen. Außerdem sind es gute Frikassee-Soßen, Soßen zu Bries und gekochten Hackfleischklößen und Klopsen.

Soßen auf Hühnerbrühen-Basis

In der Abteilung zwei heißt die Mutter-Soße in der Sprache der klassischen Küche »Sauce suprême«, die beste aller Soßen. Auf gut deutsch können wir auch Geflügelcreme-Soße dazu sagen. Auch hier ist zunächst einmal eine weiße Grundsoße hergestellt worden, bei der die Kochflüssigkeit ein Geflügelfond ist. Dazu kommt etwas Champignonsud und man läßt kräftig einkochen. Dann verrührt man mit frischem süßen Rahm und gibt ein Stück Butter dazu. Diese Soße schmeckt vorzüglich zu Hühnerfrikassee, zu Kalbsbries, zu harten Eiern und zu allen feinen Gemüsen.

Auf dieser Mutter bauen sich auf:
1. **Reiche Soße** (gehackte Champignons und Trüffeln werden mit der Soße vermischt);
2. **Estragon-Soße weiß** (etwas Estragonessig und gehackte Estragonblätter werden zur Soße gerührt);
3. **Albuféra-Soße** (unter die Soße wird Bratensaft — eventuell Instant — gerührt);
4. **Champignon-Soße Nummer zwei** (Champignonfond und weiße Champignonköpfe werden unter die Soße gemischt);
5. **Toulouser Soße** (mit Zitronensaft, Butter und etwas Trüffeln durchgerührt);
6. **Curry-Soße** (mit Currypulver und eventuell etwas Kokosmilch würzen).

Alle Soßenabwandlungen passen zu gekochtem Geflügel, Nummer 1 auch zu geschnetzeltem Kalbfleisch. Nummer 2 zu Kalbsnierenbraten, Nummer 3 zu Filetsteak, Nummer 4 zu Fleischklößchen, Nummer 5 zu Spargel mit Eiern und Nummer 6 zu gedünstetem Fisch, zu Reis und zu gekochtem Kalbfleisch.

Soßen auf Fischsud-Basis

Hier ist die Mutter die Weißwein-Soße, die Sauce vin blanc, die zugleich die klassische Fischsoße ist, bei der der Fisch schon auf dem Teller und nicht erst im Magen in Weißwein schwimmt. Hier wird unsere helle Grundsoße mit halb Fischsud, halb Wein angerührt und mit Rahm und Eigelb gebunden und verfeinert. Sie ist die klassische Soße zu allem gekochten Fisch, auch zu Krustentieren von Krabben bis Hummer kann man sie reichen.

Auf dieser Mutter bauen sich auf:
1. **Krabbensoße** (mit gehackten Krabben und Dill vermischt);
2. **Sardellensoße warm** (etwas Sardellenpaste oder Sardellenbutter unterrühren);
3. **Bretonische Soße** (ein wenig in Butter gedünstetes, feingeschnittenes Gemüse wie Lauch, Zwiebeln, Sellerie und/oder Champignons dazugeben. Steifgeschlagenen Rahm unterziehen) ;
4. **Diplomaten-Soße** (mit etwas Hummerbutter vermischen, Hummer- und Trüffelstückchen unterheben);
5. **Normannische Soße** (mit kräftigem Fisch- und Champignonfond verrühren);
6. **Dillsoße** (mit Zitronensaft, geriebener Zitronenschale und getrockneten Dillspitzen würzen).

Alle diese Soßen gehören zu Fisch oder was sonst aus dem Meer stammt. Der Fisch darf auch gebraten sein. Versuchen Sie die Dill- und die Sardellensoße auch einmal zu ausgelösten Muscheln.

Wichtige Anmerkung: Wie man im RÖMERTOPF **einen Fond herstellt.** Wenn Sie einmal richtig altmodisch (und köstlich) kochen wollen, auch dazu läßt sich der RÖMERTOPF herrlich benutzen. Ich mache zum Beispiel in ihm einen Champignon-Fond, nach dem sich schon berühmte Feinschmecker die Finger geschleckt haben. Hier verrate ich Ihnen das Rezept.

Champignonfond Klever

- *250 g frische Champignons,*
- *Pfeffer, Salz.*

Die Champignons waschen, putzen und blättrig schneiden. Den RÖMERTOPF gut wässern, feucht lassen. Die Champignons hineingeben, leicht pfeffern. In den Backofen geben, im geschlossenen Topf bei 200 Grad 50 Minuten tossieren. Herausnehmen, Topf öffnen, leicht salzen. Den Fond abgiessen und zu einer Soße weiterverwenden. Die Champignons als Beilage geben. So duftende, pikant scharf schmeckende Champignons haben Sie sicherlich noch nie gegessen.

Fabelhafter Fischfond

- *500 g Fischabfälle (Köpfe, Gräten, Schwänze), wenn möglich von Heil- oder Steinbutt, Karpfen oder Seezungen, etwas Weißwein, 1 kleine Zwiebel, 2 Scheiben Zitrone, wenig Salz oder Streuwürze.*

Die zerkleinerten Fischabfälle in den RÖMERTOPF geben, den wir gewässert und dann mit etwas Weißwein ausgeschwenkt haben. Die kleingeschnittene Zwiebel und die Zitronenscheiben dazu, vorsichtig würzen. Geschlossen ins Rohr geben, auf 200 Grad heizen, nach 40 Minuten den Fond von den übrigen Zutaten abgießen.
Sie sollten sich diese Mühe machen, wenn Sie einmal besonders gut kochen wollen. Am besten eignet sich zur Fond-Herstellung der kleine RÖMERTOPF für den Ein-Personen-Haushalt.
Nachdem wir nun den Aufbau und die Zusammenhänge der Weißen-Soßen-Familie kennengelernt haben, schauen wir uns jetzt die zweite Familie genauer an.

Die braune Soßen-Familie

Zunächst ein paar Takte Welt- und Kochgeschichte.
Anna von Österreich war die Gemahlin von Ludwig XIII. Wer nicht ausgesprochen geschichtskundig ist, kennt sie nicht. Wer aber im Fernsehen oder Kino sich gerne Abenteuerfilme anschaut, weiß, daß sie die Gegenspielerin von Kardinal Richelieu war, deren Schwierigkeiten die drei Musketiere vor allem d'Ar-

tagnan zu beseitigen hatten. Der Kochexperte weiß sie als die Veranlasserin der braunen Soße zu schätzen, die in der klassischen Küche auch »Espagnole« genannt wird. Anna liebte die französiche Kochkunst nämlich nicht und holte sich spanische Köche an den Hof, die das Rezept der braunen Grundsoße mitbrachten, auf dem sich ganz einfach, durch ständige Varianten die Familie aller braunen Soßen aufbaut. Das Rezept geriet nach Anna wieder in Vergessenheit und wurde 150 Jahre später von Superkoch Antonin Carême (1784 bis 1833) wiederentdeckt und verfeinert. Er gab ihr auch den Namen Espagnole, einmal wegen der Herkunft der Soße, zum anderen aber als Gegensatz zur weißen Allemande, die, wie wir schon wissen, der Koch-Poet nach dem Blondhaar der deutschen Frauen benannt hatte. So standen logischer Weise bei der dunklen Soße die spanischen schwarzhaarigen Senoritas Pate. Der weitere Aufbau der Soßen ist einfach: man nehme je nach Gericht, zu dem die Soße serviert wird, andere Zutaten. Und daß eine gleiche Grundsoße anders schmeckt, wenn ihr einmal Orangen zum anderen gedünsteter Sellerie beigegeben werden, ist natürlich.
Wir kennen etwa einhundert braune Soßen, die alle von der Espagnole abstammen. Ihr Originalrezept, das von Escoffier (er wurde 13 Jahre nach Carêmes Tod geboren) noch einmal weiterentwickelt wurde, ist kompliziert und zeitraubend. Für die Neugierigen habe ich das Rezept hier aufgeschrieben.

Echte Espagnole

- *Mehlschwitze aus 50 g Butter und 60 g feinem Mehl,*
  1,2 Liter brauner Fond,
  15 g gewürfelter magerer Speck,
  25 g Karotten, gehackt,
  15 g kleingewürfelte Zwiebeln,
  100 g Tomatenpüree,
  1 Prise Thymian,
  ½ Lorbeerblatt,
  4 Eßlöffel Weißwein.

Zunächst stellt man aus Kalbsknochen, Schinkenknochen, Mirepoix (das ist ein Röstgemüse aus Zwiebeln, Karotten, Lauch, Sellerie, Pfefferkörnern, Lorbeerblatt, Nelken, Thymian und Butter), Weißwein, Speckresten und Kalbsbrühe einen braunen

Fond her. Das heißt: diese Mischung muß etwa 2 Stunden leise vor sich hin kochen. Nachdem wir das Ergebnis durchgesiebt haben, nehmen wir davon ⅔, lassen sie wieder aufkochen und rühren die Mehlschwitze langsam darunter, bis die Masse glatt ist. Beiseite stellen. Den Speck mit den anderen Zutaten anrösten, bis das Gemüse anfängt sich zu bräunen. Das Fett abgießen, das Gemüse in die Soße tun, einen Schuß Weißwein dazugeben und langsam auf die Hälfte einkochen lassen. Die Soße durch ein Sieb passieren, dabei die Gemüse gut auspressen. Die Hälfte des verbliebenen Fonds dazugießen, erneut einkochen und über Nacht erkalten lassen. Am nächsten Tag mit dem restlichen Fond wieder aufkochen. Das Tomatenpüree rösten bis es braun ist, um ihm die Säure zu nehmen. In die Soße geben, glattschlagen und auf kleiner Flamme wieder etwas einkochen. Anschliessend durch ein Passiertuch geben und als Basis für die gewünschte Soße benutzen.
Ich habe Ihnen dieses Rezept, das man nur in gewerblichen Küchen oder mit Hilfe einer hauptberuflichen Kochfrau zubereiten kann, aus zwei Gründen aufgeschrieben. Nicht, daß Sie es praktizieren sollen. Nein!
Ich will Ihnen zeigen, daß es nicht damit getan ist, nur eine braune Mehlschwitze zu machen, wenn man dunkle Soßen herstellen will. Durch diese Mehlschwitzen sind die dunklen Soßen in Verruf geraten. Ich will Ihnen zum anderen zeigen, daß es viel sinnvoller ist, als Grundlage eine Delikateß Bratensoße zu nehmen. Da haben nämlich die Köche der Industrie das gemacht, was ich Ihnen hier so ausführlich aufgeschrieben habe.
Es heißt also für alle folgenden Soßen immer zuerst Delikateß Bratensoße nach Anweisung zubereiten, Zutaten wenn nötig mitziehen lassen. Flüssigkeit immer in der Gesamtmenge rechnen. Das heißt: alle Flüssigkeiten zusammen dürfen nur die vorgeschriebene Menge ergeben, sonst wird die Soße zu dünn. Genaue Mengenangaben im Rezeptteil, falls die betreffende Soße noch einmal auftaucht.

Und nun zu den Familienmitgliedern:
1. **Madeira-Soße** (Bratensoße mit einem Schuß Madeira verfeinern. Zu Steaks, Kalbsleber, Pökelzunge und Kalbsnieren);
2. **Bordeaux-Soße** (gehackte Zwiebeln, zerdrückte Pfefferkörner,

Thymian und Lorbeer mit Rotwein auf die Hälfte einkochen. Mit Bratensoße wieder auffüllen, durchsieben und mit Zitronensaft abschmecken. Ochsenmark in Würfel schneiden, kurz in kochendem Wasser blanchieren (= erstarren lassen), in die Soße einlegen. Zu gedämpftem Gemüse wie Selleriescheiben, Lauch oder Fenchel. Zu Steaks);
3. **Robert-Soße** (Weißwein und gehackte Zwiebeln auf die Hälfte einkochen, mit Bratensoße mischen. Mit Senf, Zucker, Zitronensaft und Rahm abschmecken. Zu Schweinebraten und gekochtem Schinken warm);
4. **Italienische Soße** (gehackte Zwiebeln, kleingeschnittene Champignons und Schinkenstreifen in Butter anrösten. Tomatenmark dazugeben. Mit Weißwein und Bratensoße aufgießen. 10 Minuten kochen lassen. Mit gehackter Petersilie und etwas Estragon bestreuen. Zu Kalbs- oder Schweinekoteletts, zu Schweinebraten, zu Nudeln);
5. **Jägersoße** (in Butter geschmorte Champignons zufügen. Zu Ragouts, Kalbsgeschnetzeltem, zu gebratener Kalbsbrust. Wird von der Industrie auch als Fertigsoße angeboten);
6. **Bigarade-Soße** (mit abgeriebenen Orangenschalen und etwas Portwein verfeinern. Einen Tropfen Tabasco oder eine kleine Messerspitze Cayennepfeffer dazugeben. Zu Enten- oder Gänsebraten, zu Rehrücken, Rehkeule und gebratenem Schinken);
7. **Morchelsoße** (Morcheln einweichen, gut waschen, kleinhacken, mit wenig fein geschnittenen Zwiebeln in Butter dämpfen. Dann für 10 Minuten in der Bratensoße mitziehen lassen, die zum Schluß mit einem Schuß Rahm abgerundet wird. Zu gebratener Poularde, zu Bries, Kalbsfilet oder Kalbsragout, zu Schnitzel natur);
8. **Rahmsoße** (die Bratensoße nach Anweisung, aber mit halb Wasser, halb Rahm zubereiten. Mit etwas Zitronensaft säuern. Zu Kalbs- oder Schweineschnitzel, zu Gulasch und Kalbssteak);
9. **Teufelssoße** (geschnittene Zwiebeln in etwas Weißwein mit reichlich zerdrückten Pfefferkörnern 15 Minuten kochen, der Wein soll auf die Hälfte eingekocht werden. Auf ¼ Liter auffüllen und die Bratensoße nach Anweisung damit herstellen. Mit Edelsüß- und Rosenpaprika und etwas Tomatenmark würzen. Durch ein Sieb geben, mit einem Stich Butter abrunden, mit etwas Cayennepfeffer schärfen. Zu Lammkeule, Hammelbraten, Steaks und Schweinebraten);

10. **Colbert-Soße** (Bratensoße mit Wein abschmecken und gehackte Kräuter — Petersilie, Kerbel, Estragon — unterrühren. Mit Zitronensaft pikanter machen. Zu gebratenen Hähnchen, zu gebratenen Fischen, vor allem Seezunge, Scholle oder Forellen);
11. **Estragon-Soße, braun** (Weißwein mit gehacktem Estragon aufkochen, auf die Hälfte reduzieren (= einkochen lassen). Mit diesem Wein und Wasser die Bratensoße nach Anweisung zubereiten. Mit einigen Estragonblättchen garnieren. Zu gedünstetem Kalbskopf, geschmorten oder gebratenen Hähnchen);
12. **Pikante Soße** (mit Weißwein und Weinessig harmonisch abschmecken, kleingehackte Cornichons und Kapern darunterrühren. Zu Kalbskopf, zu Zunge, geschmorten Kalbsnieren oder Kalbsnierenbraten. Zu Rehgulasch);
13. **Diana- oder Pfeffersoße** (etwas Brühe — Würfel — mit zertoßenen Pfefferkörnern 15 Minuten kochen lassen. Durch ein Sieb geben, die Brühe zur Zubereitung der Bratensoße verwenden. Mit Rahm verfeinern, eventuell einige grüne Pfefferbeeren einstreuen. Zu Rinderbraten, geschmortem Kalbsherz, Kasseler oder Steaks);
14. **Wildsoße** (die Bratensoße zur Hälfte mit der Wildmarinade zur anderen Hälfte mit Wasser zubereiten. Mit einem Löffel Rahm und einem Stückchen Butter durchrühren. Zu dem Wild, das in der Marinade mariniert wurde).

Für die folgenden Soßen können wir als jeweilige Zutat Tomatenmark verwenden, einfacher ist jedoch, wir nehmen als Grundsoße eine Tomatensoße, die zur Familie gehört und auf der sich einige Soßen leicht aufbauen lassen.
15. **Portugiesische Soße** (die Tomatensoße mit einer weich geschmorten und pürierten Zwiebel und Knoblauchzehe verrühren. Mit gehackter Petersilie bestreuen. Zu Rouladen, gekochter Zunge, Kalbsnierenbraten, zu gedünstetem Karpfen) ;
16. **Provenzalische Soße** (Tomatensoße mit geschmorter und pürierter Zwiebel und Knoblauchzehe verrühren. Geschnittene Oliven und Champignons einlegen. Mit gehackter Petersilie bestreuen. Zu Rinderschmorbraten, Schweinebraten, Ente);
17. **Zingara-Soße** (halb Tomaten- halb Bratensoße vermischen. Einlage aus streifig geschnittenen Champignons, Schinken und Zunge. Mit ein wenig Madeira abschmecken. Zu Schweinekote-

letts, Rouladen, gebratenem Schinken, Hackbraten, gebratenem Leber- oder Fleischkäse);
18. **Husarensoße** (Tomatensoße mit Weißwein abschmecken, Schinkenwürfel einlegen, mit Meerrettich würzen. Zu Steak, Roastbeef, Hackbraten und Schnitzel);
19. **Paprikasoße** (Tomatensoße mit 2 Eßlöffeln gewürfeltem und gebratenem Schinkenspeck, mit 2 Eßlöffeln Sauerrahm und 2 Teelöffeln Edelsüßpaprika verrühren. Auf ¼ Liter gerechnet. Mischung einige Minuten leise kochen lassen. Zu Ragout, Gulasch, Nieren, geschmortem Huhn, Karpfen und Zander);
20. **Kreolen-Soße** (halb Tomaten- halb Bratensoße mit gedünsteter Zwiebel und je ½ roten und grünen ganz klein geschnittenen und mitgedünsteten Paprikaschoten vermischen. Mit Knoblauchpulver und etwas Weißwein abschmecken. Mit ein wenig Cayennepfeffer schärfen. Kann durchpassiert werden. Zu Seefischen aller Art, zu Seezunge und Heilbutt und zu Muscheln).

Verlassen wir die braunen Soßen mit einem kleinen Blick auf eine einzelne Verwandte: die

Klare braune Soße

Sie ist nichts anderes als der Bratsaft des Fleisches. Man kann ihn mit einem Sud (= Jus) aus Knochen und Gemüsen strekken, man kann aber auch fertigen Bratensaft dazugeben. Diese Soße eignet sich zu allen Sorten Steaks, zu Leber, zu Kalbs- oder Schweinebraten, zu Lammkeule, zu Hähnchen und Poularde, zu Truthahn, Enten- und Gänsebraten, zu Rehrücken und Rehschlegel, zu gebratenen Fischen nach Müllerin Art (= mit gebräunter Butter und gehackter Petersilie übergossen und einem Spritzer Zitronensaft gewürzt) und zu gedämpften Gemüsen. Eine ungemein vielseitige Soße.

Schauen wir uns nun die dritte Soßengruppe an.

Die Familie der Buttersoßen

Der Aufbau ist genau so einfach wie der der braunen Soßen. Man kann ihn sich leicht einprägen. Das hat den Vorteil, daß die vielen Namen einen nicht mehr so verwirren und es einem selbst leichter fällt, unklassische Ableitungen auszuprobieren oder gar zu erfinden.
Die beiden Grund- oder Muttersoßen sind die allseits bekannte, köstliche Holländische Soße und die Sauce Béarnaise. Sie sind überall da angebracht, wo feines Gemüse und feiner Fisch noch feiner gemacht werden sollen.
Beherzigen wir, bevor wir ans Werk gehen, die Kochweisheit aus Großmutters Zeit: »Grütze, Kraut und Schweinebraten, das mag jedem Koch geraten. Aber nur bei wirklich Großen sind von Wohlgeschmack die Soßen!«
Ich möchte die Holländische Soße oder Hollandaise die Königin aller Soßen nennen. Sie ist luftig, köstlich und empfindlich. In ihrer heutigen Form ohne jeden Mehlzusatz ist sie noch nicht so alt. In Alexandre Dumas »Le Grand Dictionnaire de cuisine«, dem Küchenwälzer von 1870, fand ich sie garnicht, nur eine Bayerische Soße (Sauce Bavaroise), die es heute noch gibt: eine Art Holländische Soße mit Krebsbutter abgerührt. In der »Küche des wohlhabenden Wieners«, die Mitte vorigen Jahrhunderts erschien, ist sie unter »Buttersoße« aufgeführt, wird speziell zu Fischen gereicht und ihr Name so erklärt, daß von Holland die beste Butter komme. Aber auch hier fehlt der Eßlöffel Mehl nicht. Im richtigen Rezept für diese Soßenköstlichkeit ist allerdings kein Stäubchen Mehl zu finden.
Sie müssen Sie selber machen, fertig kaufen kann man sie nicht.

Holländische Soße

● *2 Eßlöffel weißen Essig,*
4 bis 6 zerdrückte Pfefferkörner,
½ Eßlöffel feingehackte Zwiebeln,
1 bis 2 Eßlöffel Wasser,
3 Eigelb,
250 g Butter,
Streuwürze,
etwas Zitronensaft.

Den Essig, die zerdrückten Pfefferkörner, die gehackten Zwiebeln zusammen in einem kleinen Topf beinahe völlig eindünsten, ohne daß sich die Zwiebeln verfärben. Dann das kalte Wasser dazugeben und durch ein Sieb in eine Schüssel abseihen. Die Eigelb hinzugeben und auf nicht zu heißer Platte, besser noch in einem Wasserbad, unter fortwährendem Schlagen und Rühren zu einer dicken Creme verarbeiten. Die Butter vorsichtig flüssig werden lassen. Sie ganz langsam, unter kräftigem Schlagen mit dem Schneebesen unter die Eicreme mischen. Mit Streuwürze und Zitronensaft abschmecken. Die Butter darf nicht zu heiß sein. Wird die Soße zu dick, verdünnt man mit etwas Wasser. Sofort servieren. Zu Spargel, Brokkoli, Blumenkohl, Artischocken oder feinen Schoten. Zu Steaks, zu Roastbeef oder Filet, zu Fischen und zu allen Krustentieren.
Diese echte Holländische Soße bekommt man selten, meist ist es eine falsche, mit Mehl darin. Sie gehört eigentlich nicht in diese Familie, sondern ist eine besonders feine helle Soße. Trotzdem hier das Rezept.

Falsche holländische Soße

● ¼ *Liter helle Grundsoße aus dem Glas nach Anweisung,*
1 bis 2 Eigelb,
1 großer Stich Butter,
etwas Zitronensaft.

Unter die fertige Helle Soße, nachdem man sie vom Feuer genommen hat, die gut verquirlten Eigelb mit dem Schneebesen schlagen, ebenso die flüssige Butter. Mit etwas Zitronensaft abschmecken.

Nach diesem kleinen Abstecher außerhalb der Familie, zurück zu den echten Buttersoßen.
Zunächst zu den drei Kindern der Hollandaise.
1. **Malteser-Soße** (wird statt mit Zitronensaft mit Blutorangensaft abgeschmeckt, dann geriebene oder hauchfein streifig geschnittene Orangenschalen — ungespritzte bitte — dazugeben. Ganz ausgezeichnet zu Spargel).
2. **Mousseline-Soße,** auch »Sauce Chantilly« genannt, weil auf

Schloß Chantilly einst ein Koch die Schlagsahne erfunden haben soll (hier zieht man unter ½ Liter Holländische Soße 4 gutgehäufte Eßlöffel steifgeschlagener Sahne. Ebenfalls gut zu Spargel oder zu gekochtem Heilbutt).
3. **Sehr reiche Soße** (unter die Holländische Soße werden Champignonstücke, Trüffelscheiben und Krebsschwänze gemischt, wobei man natürlich statt der Krebsschwänze auch Scampis oder Krabben nehmen kann. Sehr gut zu allen Edelfischen, vor allem zu Seezunge. Mischt man stattdessen einen Löffel Kaviar unter die Hollandaise, bekommt man die feinste Soße — die Kaviarsoße. Sie sollte man mal zu gekochtem oder gedünstetem Lachs (Salm) reichen).

Die zweite Mutter der Butterfamilie ist die

Sauce Béarnaise

- *2 Eßlöffel Estragonessig,*
- *4 bis 6 zerdrückte Pfefferkörner,*
- *½ Eßlöffel gehackte Zwiebeln oder Schalotten,*
- *2 Eßlöffel Weißwein,*
- *2 bis 3 Eigelb (je nach Größe),*
- *250 g leicht flüssige Butter,*
- *Zitronensaft,*
- *Salz,*
- *etwas Cayennepfeffer oder 2 Tropfen Tabasco,*
- *gehackte Estragonblätter.*

Den Estragonessig, die zerdrückten Pfefferkörner, die gehackten Zwiebeln zusammen in einem kleinen Topf beinahe völlig eindünsten, ohne daß sich die Zwiebeln verfärben. Dann den kalten Wein dazugeben und alles durch ein Sieb in eine Schüssel abseihen. Die Eigelb unter kräftigem Rühren mit dem Schneebesen hineingeben und auf nicht zu heißer Kochplatte oder Flamme, am besten aber in einem Wasserbad, unter fortwährendem Schlagen zu einer dicken Creme verarbeiten. Die Butter vorsichtig flüssig werden lassen, wobei sie nicht sehr heiß sein darf. Ganz langsam, ebenfalls unter kräftigem Schlagen mit dem Schneebesen unter die Eicreme rühren. Mit Zitronensaft,

Salz und Schärfe abschmecken. Die gehackten Estragonblätter der fertigen Soße zufügen. In warmem, nicht heißen Geschirr zu allen edlen Fischen, aber auch zu Steak oder Roastbeef servieren.
Wie Sie am Rezept gesehen haben, sind Hollandaise und Béarnaise fast Zwillingsschwestern. Sie wurde 1835 im »Pavillon Heinrich IV« anläßlich eines Festessens erfunden und nach der Heimatprovinz Béarn des großen königlichen Feinschmeckers benannt.

Sie hat ebenfalls drei Kinder.
1. **Choron-Soße** (die fertige Soße wird nicht mit Estragon, sondern mit etwas Tomatenmark vermischt und dadurch rosa gefärbt. Zu Lachsforelle, zu Artischockenböden, aber auch zu kleinen Steaks oder Roastbeefscheiben).
2. **Foyot-Soße** (die fertige Soße wird nicht mit Estragon, sondern mit eingedickten Bratensaft vermischt. Zu verschiedenem gebratenen, geschmorten und gekochten Fleisch oder zu weichgekochten Eiern. Auch zu gedünstetem Fisch).
3. **Rachel-Soße** (sie ist sozusagen eine Kombination ihrer beiden Schwestern: die fertige Soße wird sowohl mit etwas eingedicktem Bratensaft wie Tomatenmark vermischt. Zu Lachs (gedünstet), zu Roastbeef, zu gebratenem Fleisch.

Die nächste Familie ist in ihren Abwandlungen schier unbegrenzt, vor allem, weil man ständig neue erfinden kann. Es sind alles kalte Soßen.

Die Familie der Ölsoßen

Die wichtigste dieser Soßen kann man in verschiedensten Geschmacksrichtungen fertig kaufen. Es ist die Mayonnaise, die man mal milder, mal säuerlicher, mal dicklicher, mal dünner bekommt. Auch wird sie in verschiedenen Fettprozenten, von 50 Prozent für Kartoffelsalat bis zu 82 Prozent angeboten. Ich weiß also nicht, ob Sie sich jemals selbst eine Mayonnaise rühren werden, trotzdem der Vollständigkeit halber das Rezept. Zuvor aber wieder ein bißchen Geschichte.

Wie die Mayonnaise erfunden wurde

Um die Entstehung der Mayonnaise ranken sich viele Geschichten und Legenden. Die eine meint, daß der 1808 geborene und 1873 zum Präsidenten der Französischen Republik gewählte Marschall de Mac-Mahon sie erfunden habe. Unser Bekannter, der große Koch Carême sowie verschiedene Kochbücher zwischen 1816 und 1836 schrieben sie noch »Magnonnaise«, was vom Verb »manier« abgeleitet ist, das »mit etwas umgehen können«, etwas »richtig handhaben« bedeutet. Im »Deutschen Handbuch der Kochkunst« von 1825 steht nur von einer Sauce Remoulade geschrieben, in anderen Büchern taucht sie als Bayonnaise, nach der Stadt Bayonne, auf. Der französische Sprachforscher Littré glaubt, daß sich ihr Name von Port Mahon ableitet. Und das hat folgenden Grund: Dieser Ort, der auf der spanischen Insel Menorka liegt, wurde 1765 vom Herzog von Richelieu belagert. Wie bei jeder Belagerung wurden die Vorräte knapp, bis auf Eier und Öl, die in Riesenmengen vorhanden waren. Der Herzog gab dem Regimentskoch den Auftrag, daraus eine schmack- und nahrhafte Mahlzeit für die Truppe herzustellen und anstatt den einfacheren Weg zu gehen und Spiegeleier zu braten, rührte er beides zusammen und erfand die Mahonnaise. Die wiederum von den Franzosen, die kein »h« sprechen können, in die Ma»y«onnaise abgeschliffen wurde.
Wenn die Geschichte stimmt, ist die Mayonnaise gut 200 Jahre alt. Ihr Verbrauch — die Zahlen der Hersteller beweisen es — hat steigende Tendenz. Und während früher nur die kalte Jahreszeit die Mayonnaisensaison war, hat sich ihr Verbrauch heute über das ganze Jahr verteilt, besonders da Mayonnaise auch gerne zum Verzieren und Garnieren verwendet wird.

Handgemachte Mayonnaise

● *3 Eigelb,* *etwas Pfeffer,*
1 gute Prise Salz, *1/2 Kaffeelöffel heller Senf,*

2 Eßlöffel Weinessig oder Zitronensaft,
½ Liter Öl,
1 Kaffeelöffel heißes Wasser,
einige Tropfen Worchestershiresauce.

Die zimmerwarmen Eigelb, Salz, Pfeffer und Senf schaumig rühren. Ganz wenig Essig dazugeben, wieder durchrühren und ein paar Minuten stehen lassen. Dann das ebenfalls zimmerwarme Öl zunächst tropfenweise und dann langsam unter kräftigem, ständigem Schlagen zufügen. Wird die Soße dick, dürfen Sie den Rest des Essig beigeben, dann wieder Öl, weiterschlagen. Wenn Sie einen Handmixer verwenden, geht natürlich alles einfacher, müheloser und schneller. Um die Mayonnaise haltbarer zu machen, geben Sie zum Schluß das heiße Wasser bei und schmecken nach Belieben mit noch etwas Zitronensaft und Worchestershiresauce ab.

Die bekannteste Tochter der großen Mutter ist die:
1. **Remouladen-Soße** (Mayonnaise mit gehackten Cornichons, Kapern, Petersilie und einem ganz fein zerdrückten Sardellenfilet vermischen. Die Verwendung ist so vielfältig wie bei der Mayonnaise, sie ist natürlich rassiger und herzhafter) ;
2. **Tartaren-Soße** (als Beigabe gehackte hartgekochte Eier, Cornichons, Kapern, Petersilie und Zwiebel. Zu Fisch aller Art, auch zu kaltem Fisch, Fisch in Gelee) ;
3. **Tiroler-Soße** (gemischt mit etwas Tomatenpüree und gehackter Petersilie. Zu gebratenem Hammelfleisch, zu Rindfleisch, zu kalter Pökelzunge) ;
4. **Antiber-Soße** (mit Sardellenpaste und zerriebenem getrockneten Estragon würzen. Besonders gut zu Krabben und Langustinos);
5. **Russische Mayonnaise** (auf ¼ Liter Mayonnaise 1 Blatt aufgelöste Gelatine, 1 Eßlöffel geriebenen Meerrettich und ein paar Tropfen Estragonessig geben. Auf Eis oder in einem Gefäß, das in eiskaltem Wasser steht, schaumig und dann steif schlagen. Sofort verwenden. Man kann mit dieser Mayonnaise kalte Eier, kalten Braten überziehen, man kann Fisch damit garnieren);
6. **Englische Soße** (Mayonnaise mit englischem Senf kräftig abschmecken, auf ¼ Liter 2 Eßlöffel Senf. Gut zu gekochtem Fisch und zu Suppenfleisch. Im übrigen: es ist kein Fehler,

wenn Sie deutschen oder französischen Senf nehmen. Scharf soll er nur sein);
7. **Sahne-Mayonnaise** (mit eins, zwei oder drei Eßlöffeln steifer Schlagsahne wird die Mayonnaise leichter gemacht. Man würzt sie kräftig mit Zitronensaft. Zu Fisch, Krustentieren, Muscheln oder Geflügel);
8. **Trianon-Soße** (mit Tomatenmark zu einem kräftigen Rosa verrühren. Dann winzig gehackte eingelegte Tomatenpaprika, etwas Zwiebelpüree und kleingehackte Pfeffergürkchen unterziehen. Zu Eiern, zu gebratenem Geflügel, zu Schinken);
9. **Frankfurter Soße** (1 Handvoll Petersilie, Kerbel und Estragon, 1 Handvoll Borretsch, etwas Majoran ganz fein hacken. Die hartgekochten Dotter von 3 Eiern dazugeben und das zusammen durch ein feines Sieb drücken. Dieses Püree mit einem Teelöffel Senf würzen. Salzen, pfeffern. Einen Eßlöffel Weinessig dazugeben und mit ¼ Liter Öl zu einer Mayonnaise schlagen. Zu Suppenfleisch, zu gebackenem Fisch, zu kaltem Braten);
10. **Russischer Dressing** (¼ Liter Mayonnaise mit 2 Eßlöffeln Tomaten-Ketchup sowie je einen Eßlöffel feingehackte grüne Oliven, Sellerieherzen (aus der Dose) verrühren. Mit Piment kräftig abschmecken. Zu gekochtem oder gedünstetem Schellfisch, zu kaltem Geflügel, zu hartgekochten Eiern).

Damit haben wir uns aus den hehren Hallen der klassischen Küche in die weiten Gefilde der Moderne begeben. Hier gibt es unzählige Mayonnaise-Soßen, die man auch Dressings nennt und die man auch zu Salaten verwenden kann oder zu den verschiedenen Formen der Fleichfondue. Oder aber zu Braten — wie es einem gefällt. Einige davon werden Sie noch ganz gezielt im Rezeptteil kennenlernen.

Wenden wir uns ein letzes Mal der Familienkunde zu. Die einzige Schwester der Mayonnaise ist die Essigkräutersoße, besser bekannt als

Sauce Vinaigrette

● *2 Eßlöffel Weinessig,*
1 Zwiebel,
1 Teelöffel Streuwürze,
Pfeffer,
reichlich Petersilie,
Kerbel und Schnittlauch,
6 Eßlöffel Öl.

Den Essig, die gehackte Zwiebel, Pfeffer, Streuwürze und die gehackten Kräuter miteinander vermischen. Zuletzt das Öl tropfenweise unterrühren, es soll sich gut mit dem Essig und den anderen Zutaten verbinden. Die klassische Beigabe zu Kalbskopf, zu Sülzen aller Art, zu kaltem Eisbein, zu gekochtem Rindfleisch und gedünstetem Fisch und zu kaltem Spargel. Ihre Ableitungen:
1. **Norweger Soße** (enthält zusätzlich gehackte hartgekochte Eier und Sardellenfilets. Verwendung wie Vinaigrette);
2. **Ravigote Soße** (enthält zusätzlich Kapern und Cornichons. Verwendung ebenfalls wie die Vinaigrette, aber auch als Salatsoße);
3. **Fischer-Soße** (enthält zusätzlich gehacktes Krabbenfleisch. Zu gedünstetem Fisch und zu kaltem Spargel);
4. **Petersiliensoße** Nummer eins (eine Vinaigrette, die außerdem noch Estragon, etwas Senf und etwas weichgekochten, passierten Spinat enthält. Petersilienanteil ist verstärkt. Sieht durch Spinat ganz grün aus. Zu gekochtem Fisch und zu kaltem Rindfleisch.

Ein Anhängsel ist die Soße

Mignonette

● *1/8 Liter milder Weinessig,*
2 bis 3 Zwiebeln,
reichlich grob
gemahlener Pfeffer
oder ein guter Eßlöffel
voll grüner Pfeffer.

Den Essig mit den feingeschnittenen Zwiebeln mengen und mit dem gemahlenen oder leicht zerdrückten grünen Pfeffer verrühren. Man tunkt kaltes Rindfleisch, besser noch kalten Reh- oder Hirschbraten oder Wildschwein hinein.

Nun gibt es noch eine Gruppe von einigen Küchen-Individualisten, die zu keiner Familie gehören. Sie lassen sich weder in das Schema der weißen, der braunen, der Butter- oder der Öl-Soßen einpassen. Da die ganze Kochkunst und vor allem die der Soßen zusammenhängend und logisch aufgebaut ist, nennt man sie:

Die selbständigen Soßen

Zu ihnen gibt es nichts zu erzählen, außer die Rezepte.

Apfelsoße

• *4 Eßlöffel Apfelgelee,*
Zitronensaft.

Das Apfelgelee erwärmen, mit Zitronensaft herzhaft abschmecken und warm zu gebratener Gans oder Ente servieren.

Meine Variante:

• *4 bis 5 Eßlöffel Apfelkompott,*
Saft ½ Zitrone,
Messerspitze Currypulver.

Unter das nicht zu süß und nicht zu dünn gekochte Apfelkompott (man kann auch Mus aus der Dose nehmen) den Curry rühren, den wir zuvor mit dem Zitronensaft pastig gemacht haben. Ebenfalls zu Ente, besser noch zu Schweinebraten.

Kalte Meerrettichsoße

• *3 Eßlöffel geriebenen Meerrettich,*
1 Teelöffel Zitronensaft,
½ Teelöffel Zucker,
1 Tropfen Tabasco oder Messerspitze Cayennepfeffer,
2 bis 3 Eßlöffel steifgeschlagene Sahne.

Die Zutaten sehr gründlich und sorgfältig vermischen. Die Soße soll scharf, aber nicht zu scharf sein. Sehr gut zu Fisch, besonders Karpfen, zu Sied- oder Tellerfleisch, zu Räucherlachs oder zu Aal in Aspik.

Ihre Variante ist der

Österreichische Apfelkren (Kren = Meerrettich)

- *2 Äpfel,*
  Zitronensaft,
  2 bis 3 Eßlöffel frisch geriebenen Meerrettich,
  Prise Zucker,
  wenig Salz,
  evt. etwas Zitronensaft.

Die Äpfel schälen, fein reiben und mit Zitronensaft beträufeln, damit sie nicht braun werden. Den geriebenen Meerrettich — Menge je nach gewünschter Schärfe variieren — daruntermischen, mit Salz und Zucker abschmecken. Eventuell noch etwas Zitronensaft dazugeben. Eine Stunde zugedeckt ziehen lassen. Zu kaltem Fleisch oder zu Fisch servieren.

Meerrettich-Brotsoße

- *3 altbackene Brötchen,*
  1/4 Liter klare Fleischsuppe (Würfel),
  2 Eßlöffel süßer Rahm,
  20 g Butter,
  etwas Salz,
  40 g geriebener Meerrettich.

Die Kruste von den Brötchen sorgfältig abreiben, die Brötchen blättrig schneiden. Die Fleischsuppe nach Anweisung zubereiten, kalt werden lassen, entfetten. Die Brötchen darin weichen und aufkochen lassen. Gut verrühren. Vom Feuer nehmen, mit Rahm, Butter, Salz und Meerrettich vermischen. Warm zu gekochtem oder gedünstetem Rindfleisch servieren.
Ich habe Ihnen das Beispiel dieser drei Meerrettichsoßen deshalb vorgeführt, damit Sie sehen, wie man Soßen abwandeln und variieren kann. Wir können genauso eine Meerrettichsoße mit

einer weißen Grundsoße oder besser noch mit einer Deutschen Soße herstellen, in dem wir unter diese Soße den Meerrettich mischen, wir können sie auch auf Mayonnaisenbasis machen. Sie sehen, das Gebäude der Soßen ist so aufgebaut, daß man mit ein bißchen Phantasie oder auch nur Überlegung, immer wieder andere Soßen zubereiten kann.

Brotsoße

● *3 Scheiben Toastbrot,*
1/4 Liter Milch,
1 Zwiebel,
2 Gewürznelken,
Streuwürze,
etwas Muskat,
ein Hauch Cayennepfeffer,
1 nußgroßes Stück Butter.

Die Kruste vom Toastbrot entfernen, die Scheiben zerkrümeln. Mit heißer Milch aufgießen. Die Nelken in die Zwiebel stecken, Brot, Milch und gespickte Zwiebel 20 Minuten kochen lassen. Zwiebel herausnehmen. Die Soße mit Streuwürze, Muskat und Cayennepfeffer abschmecken. Das Stück Butter vor dem Anrichten unterrühren. Wird zu Fasan, Rebhuhn, Wildente oder Birkhuhn serviert.

Die ausgefallendste (im Geschmack) ist die

Pfefferminzsoße

● *1 Handvoll gehackte Gartenminze,*
etwas Zucker,
Salz,
Pfeffer und Weinessig.

Wir überbrühen die Minzblätter, die nur grob gehackt wurden, mit wenig siedendem Wasser. Lassen solange ziehen, bis es erkaltet ist. Mit etwas Zucker, Salz, Pfeffer und Weinessig pikant bis scharf abschmecken. Wird kalt zu warmen Lammbraten serviert. Kann man als Mint-Sauce auch fertig kaufen.

Cumberland-Soße Nummer eins

● *5 Eßlöffel Johannisbeergelee,*
1 Eßlöffel Orangensaft,
1 Eßlöffel Portwein,
2 Eßlöffel scharfer heller Senf,
2 Tropfen Tabasco,
Schale ½ Orange (ungespritzt).

Das Johannisbeergelee, es soll rot und recht säuerlich sein, wird vorsichtig erwärmt bis es eben flüssig wird. Dann rühren wir den Orangensaft, den Portwein, den Senf und die Pfeffersoße dazu. Wir haben die Orangenschale sorgfältig von allem Weißen befreit und in ganz dünne feine Streifen geschnitten. Mit kochendem Wasser für 5 Minuten übergießen, abtropfen. Unter die Soße mischen, die wir zu Rehrücken, Lammkeule, kaltem Wild und kaltem Sauerbraten servieren.
Diese Soße wurde von einem Koch am Hof von Hannover erfunden und dem Herzog von Cumberland gewidmet. In den meisten Kochbüchern wird empfohlen, Cumberland-Soße mit englischem Senfpulver anzurühren. Ich finde, das gibt ihr einen bitteren Geschmack. Ich habe bessere Erfahrungen mit Senf gemacht, wobei man mit verschiedenen Senfsorten Geschmacksexperimente anstellen kann.

Sauerrahmsoße

● *1 Zwiebel,*
1 Eßlöffel Butter,
etwas Weißwein,
¼ Liter Sauerrahm,
1 Teelöffel Zitronensaft,
1 nußgroßes Stück Butter.

Die feingehackte Zwiebel in Butter anrösten, mit dem Weißwein ablöschen und gut einkochen lassen. Dann den Rahm dazugeben, kurz aufkochen, durch ein Sieb passieren. Mit Zitronensaft, ganz wenig Salz abschmecken. Butter unterrühren und zu Wild servieren. In der klassischen Küche heißt diese Soße Smitane, dem russischen Namen für Sauerrahm.
Damit wären wir am Ende unserer Familiengeschichte der Soßen. Sie haben jetzt sicher gelernt, daß man Soßen ungemein

variieren kann, daß ihr Grundaufbau aber relativ einfach ist. Man kann sich Soßen nicht patentieren lassen und das Weglassen oder Zufügen einer einzigen Zutat verändert das Ergebnis. Deshalb werden die genauen Zusammensetzungen der Fertigsoßen geheim gehalten. Man kann zwar in etwa sagen, wie sie sich zusammensetzen und was ihre Grundbestandteile sind, aber direkt nachmachen kann man sie nicht.
Das brauchen wir ja auch garnicht, da uns die Industrie sie so vielfältig, so perfekt und in so vielen Geschmacksdifferenzierungen liefert.
Schauen wir uns dieses Angebot doch einmal an.

WÜRZSOSSEN VON A BIS Z

Über die fertigen weißen und braunen Soßen haben wir schon gesprochen. Ich möchte Ihnen hier die große Palette der fertigen Würzsoßen vorstellen, die man entweder in der Flasche oder im Glas auf den Tisch stellt, wobei sich jeder bedient, so wie es ihm schmeckt, oder mit denen man in der Küche Bratensäften oder Soßen noch einen bestimmten zusätzlichen Geschmack verleihen kann oder den Geschmack abrundet und das fehlende Etwas ergänzt.
Mit dieser Aufzählung setze ich nicht voraus, daß Sie Ihre Küche oder Speisekammer in eine Flaschensammlung verwandeln. Ich will Ihnen nur sagen, wie diese Soßen schmecken, wozu man sie nimmt, damit Sie beim nächsten Einkauf im Supermarkt nicht mehr so hilflos dem Riesenangebot gegenüber stehen. Sollten Sie im Lauf der Zeit sich doch eine Soßenbar anlegen: sie ergänzt das Tossieren mühelos und ausgezeichnet. Zunächst einige Begriffsklärungen.

Was ist eine Würzsoße?

Würzsoßen werden tropfenweise verwendet, um damit den Geschmack abzurunden. Sie sind meist sehr konzentriert. Typische Würzsoßen sind die Suppenwürzen, gewöhnlich mit dem Namen des Herstellers verbunden (Maggi, Knorr). Sie sind das deutsche Gegenstück zur englischen Worchestershire-Sauce. Tabasco ist der flüssige Extrakt roter Pfefferschoten und sehr scharf. Man verwendet ihn tropfenweise, ist wie die meisten Würzsoßen fast unbegrenzt haltbar. Die älteste Würz- und damit auch Fertigsoße ist die chinesische (und japanische) Sojasoße. Sie kann man in größeren Quantitäten verbrauchen.

Was ist ein Dressing?

Dieses neue Wort, das wir noch nicht lange kennen, stammt aus dem Englischen und bedeutet soviel wie »Anziehen«. Mit einem Dressing »bekleidet« man ein Gericht geschmacklich. Das ist aus der englischen Küche zu verstehen, bei der zum Beispiel Gemüse nur in Wasser gekocht werden und daher fast nach garnichts schmecken. Deshalb standen auf der englischen Tafel immer einige Flaschen mit Dressings, sodaß man bei Tisch den Speisen zusätzlichen Geschmack geben konnte. Dressing ist also ein Oberbegriff für alle Fertigsoßen, die in Flaschen abgefüllt werden. Er umschließt alles von der Würzsoße bis zum Ketchup. Bei uns wird das Wort Dressing gerne für Salatsoßen verwendet, Fertigsoßen also, die besonders flüssig sind.

Was ist ein Ketchup?

Zunächst einmal innerhalb von nicht ganz 20 Jahren des Bundesbürgers liebste Soße. Weit über die Hälfte aller Deutschen stellt die Flasche Ketchup auf den Tisch. Zum Nachwürzen und zum Dazu-Essen. Ketchup ist das malayische Wort für gewürzte Soße, deshalb heißt auch die indonesische Sojasoße Ketjap — das dürfen wir nicht verwechseln.
Ketchup ist immer dickflüssig und uns hauptsächlich auf der Basis von Tomaten bekannt. Inzwischen gibt es auch Curry-Ketchup und Zwiebel-Ketchup, das auch Onion-Ketchup genannt wird.

Was ist Chutney?

Weder eine Frucht noch eine exotische Wurzel. Es ist der Sammelbegriff für Würzmarmeladen, von süß bis scharf, der dickflüssigere oder halbfeste Vetter des Ketchups. Ihr Name bedeutet in Indien, wo die Chutneys herstammen, nur »abschmecken«. Was für die Küche unserer Großeltern die Senffrüchte und süßsauer eingemachten Kürbisse waren, waren für die Engländer die Chutneys. Sie hatten die Rezepturen aus

Indien mitgebracht, wandelten sie vielfältig ab und bald wurden aus dem Hausgemachten Markenartikel.
Wir kennen hauptsächlich den Mango-Chutney. Hier ist die Basis jene kürbisartige exotische Frucht, die so saftig ist, daß man sie nur in der Badewanne essen sollte, zumal sich ihre Flecke kaum entfernen lassen. Mango wird inzwischen auch als Frucht, als Konserve und als Saft bei uns angeboten.
Neben Mango-Chutney gibt es auf dem Markt noch Tomaten-Chutney, Zwiebel-, Apfel- und Aprikosen-Chutney.

Was ist ein Relish?

Das Wort bedeutet »Erfrischung«, es ist eine Beigabe, die anregen soll. In der Konsistenz noch einen Schritt weiter über den Chutney hinaus zum Festen hin. Sagen wir es so: ein Relish ist ein kompakter Chutney säuerlicher Geschmacksrichtung, in dem man noch die Stücke der Zutaten sieht und schmeckt.

Und nun zu unserem Alphabeth.

BARBECUESAUCE: Barbecue (wird Barbekju gesprochen) ist die amerikanische Bezeichnung für Grillen im Freien. Das wichtigste Merkmal für diese Zubereitung ist der Holzkohlengeschmack. Deshalb ist die Barbecuesauce rauchig und herb gewürzt. Man kann dadurch RÖMERTOPFbraten zu Spießbraten machen und Hackbraten so schmecken lassen, als seien sie über Feuer gegrillt. Tip: 15 Minuten vor dem Fertigwerden RÖMERTOPF öffnen, Braten mit Barbecuesauce bestreichen. Deckel schließen und einbraten lassen.
Der **BARBECUE-RELISH** vermittelt den gleichen Geschmack als Beilage. Zu Steaks, Hackbraten, Hamburgers oder auch Schnitzel.

CHILISAUCE: ist der Name für zwei verschiedene Soßentypen. Am bekanntesten bei uns eine ketchupartige erfrischend scharfe Soße auf Tomatenbasis mit echten Chilischoten feurig gemacht.

Zu allem, was besonders pikant schmecken soll. Speziell zu gebratenem Fleisch, aber auch als eleganter Schärfer und Abrunder von Soßen. Kann in Bratsaft gerührt werden. Sehr gut zu Spiegeleiern. Die **HONGKONG CHILISAUCE,** manchmal auch **CHILLIESAUCE** geschrieben, ist stumpfer in der Farbe, aber scharf wie Feuer. Hier gibt es eine Sweet-Version, sie ist ein wenig milder. Muß ganz vorsichtig dosiert werden. Also bitte nicht verwechseln!

COCKTAIL-SAUCE: in der Konsistenz cremig besteht sie aus Tomatenmark, Spirituosen und Gewürzen. Der Geschmack ist elegant und pikant. Sie kann sowohl so verwendet wie mit Mayonnaise oder Rahm gemischt werden. Man kann mit ihr andere Salatsoßen schmackhafter machen. Schmeckt zu Krabben, zu Fischstäbchen oder gedünstetem Fisch. Wir verwenden sie als Bei-Soße.

CUMBERLAND-SAUCE: Rezept zum Selbermachen auf Seite 44. Als Fertigsoße pikant und fruchtig, mit etwas Ingwer abgeschmeckt. Zu Wild. Tip: Zu gebratenen Rehmedaillons etwas Cumberland-Sauce zum Schluß in den RÖMERTOPF geben, die Medaillons darin wenden. Nochmals den Deckel darauf und noch einige Minuten schmoren lassen.

CURRY-KETCHUP: Tomaten-Ketchup mit Curry rassig abgeschmeckt, wobei der Currygeschmack im Vordergrund steht. Paßt gut zu allen Reisgerichten, die einen exotischen Anstrich bekommen sollen, zu Lammragout oder als Beimischung zu Gerichten, die man mit Curry würzen möchte. Auch gut zu Fisch. Als **CURRY-SOSSE** in vielen Varianten auf dem Markt. Doch denken Sie daran, ein mit Curry gewürztes Gericht wird immer ein richtiges Curry-Gericht. So vorherrschend ist der Geschmack dieser Gewürzmischung.

EXOTIC RELISH: pikant. Zwischen süß und scharf. Eine gute Würzbeilage zu Wild, zu Ente, zu gebratenem Fisch und zu kaltem Schweinebraten. Und natürlich auch zur Fleisch-Fondue.

FONDUE RELISH: hier bestimmt eine Mischung verschiedener

Senffrüchte den Geschmack. Das heißt fruchtig-scharf-pikant. Wie der Name sagt: zur Fleisch- oder Fisch-Fondue. Zu gebratenem Fisch, zu Hähnchen, zu gebratenem Fleisch, auch wenn man die Reste kalt aufschneidet. Zu hartgekochten Eiern.

HOT-KETCHUP: ein Tomaten-Ketchup für Leute, die es schärfer mögen. Anwendung wie normaler Tomaten-Ketchup, vielleicht etwas dosierter. Wer würzige Brathähnchen mag: RÖMERTOPF nach Hälfte der Bratzeit öffnen, Hähnchen mit Hot-Ketchup einpinseln. Fertigbraten lassen.

MANGARI: eigentlich ein Getränk auf Mango-Basis. Vom Typ und vom Geschmack ein flüssiges Mango-Chutney. Als Würzsoße immer dann zu verwenden, wenn Mango-Chutney zu dickflüssig erscheint oder wenn man ganz vorsichtig dosieren möchte.

MANGO-CHUTNEY: üblichste Form des Chutneys. Auf Mango- und Ingwerbasis, mit Rosinen, Zucker, Essig und weiteren Gewürzen zu einem Brei verkocht. Kann auch Fruchtstücke enthalten. Von süß-pikant bis feurig-brennend und atemraubend (Hot-Mango-Chutney). Steht auf dem Tisch und wird zu gebratenem Fleisch genommen, zu allen Currygerichten — dazu obligatorisch! —, zu Reistöpfen, zu Fischstäbchen und anderem gebratenem Fisch. Man schmeckt aber auch damit ab: Salatsoßen werden würziger, Mayonnaise exotischer, der Bratsaft von Wild, mit etwas Mango-Chutney und Rahm abgerührt, schmeckt besonders gut, eine Gulaschsoße bekommt durch Mango-Chutney ein gewisses Etwas. Ein bis zwei Teelöffelchen genügen.

MANGO SAUCE: eine Spezialität: dickflüssiges Chutney, sehr fruchtig. Besonders gut zum Würzen zu verwenden. Anwendungsbereiche wie beim Mango-Chutney. Zusätzlich noch zu Schweinebraten mit Äpfeln. Ente nach 80 Minuten mit Mango Sauce bestreichen. RÖMERTOPF wieder schließen, Ente fertig braten. Hähnchen vor dem Einlegen in den RÖMERTOPF innen mit Mango Sauce ausstreichen.

MEERRETTICH SAUCE: neben den selbstgemachten auf Seite 41 und Seite 42 gibt es auch fertige Soßen. Cremig und würzig. Zu gekochtem Rindfleisch, zu kaltem, aufgeschnittenem Hackbraten, zu gedünstetem Fisch, zu gekochtem Kalbfleisch.

MEXICAN RELISH: feurig scharf und würzig. Paßt zu Gebratenem, zu warmen oder kalten Hähnchen, zu Hackbraten, Fleischspießen und Schaschlik.

MINT SAUCE: selbstgemacht auf Seite 43. Einfacher ist, sie fertig zu kaufen. Hält sich sehr lange, man braucht sie auch wenig. Ist eine abgeschmeckte Aufschwemmung von Minzblättern in Weinessig. Wie schon vorgeschlagen zu Lamm- oder Hammelbraten. Man kann sie aber für gewisse Geschmackseffekte vorsichtig benutzen, wenn man Soßen oder Ragouts abschmeckt und wie beim Zwerg Nase im Märchen das Kräutlein Immertreu zu fehlen scheint.

MUSTARD SAUCE (Senfsoße): hellgelb, dickflüssig, mayonnaiseartig. Herzhaft und trotzdem sanft abgerundet. Für hartgekochte Eier, zu gekochtem Fisch, aber auch um in den letzten Minuten einen Schweinebraten im RÖMERTOPF damit zu bestreichen.

ONION-KETCHUP (Zwiebel-Ketchup): auf der Basis von Tomatenmark wird der Geschmack von aromatisch gerösteten Zwiebeln bestimmt. Besonders gut zu Brathähnchen oder Schweinebraten. Sowohl als Beigabe wie als Pinselwürze.

PEPPERSTEAK-SAUCE: auf der Basis frischer grüner Pfefferkörner, sehr würzig, rassig-pfeffrig, ohne scharf zu sein. Dazu mit fruchtigem Tomatengeschmack. Zu allem Fleisch, zu dem man auch grünen Pfeffer servieren kann. Zu Steaks und Koteletts, aber auch zu einem Filet, das man leicht mit dieser Soße einstreicht. Ein Eßlöffel macht eine Sauerbraten-Marinade wilder.

PICALLILI-SAUCE: eine klassische englische Soße aus Senfpulver, Essig und scharfen Gewürzen. Hat eine intensive, helle Senffarbe und einen ebenso intensiven, scharfen, fast harten Geschmack. Die Mustard-Sauce aus der gleichen Familie ist vorzuzichen, außer bei Fleischsülzen, bei Blutwurst mit Zwiebeln oder um einer gebratenen Schweinshaxe eine englische Note zu geben (einen Eßlöffel Piccallili in den Bratsaft rühren). In diese Soße wird auch Gemüse (Pickles) eingelegt. Da das auf italienische Art geschieht und das Gemüse kleingeschnitten ist, erklärt sich der merkwürdige Name.

PUSZTA-SAUCE: eine feurige Soße der Paprikarichtung, mit kleinen Paprikastücken drin. Für Wild, Schweinemedaillons und um die Soße eines Gulasch oder Pörkölts abzurunden.

SANGRITA: eigentlich ein Würztrunk auf scharfer Tomaten-Orangenbasis. Stammt aus Mexiko. Kann hervorragend als Würze verwendet werden. Zum Angießen von Soßen, als Flüssigkeitszugabe bei Eintöpfen, die etwas Feuer bekommen sollen oder ebenso würzigen Ragouts. Die schärfere Variante heißt SANGRITA PICANTE. Mit ihr rühre ich gerne Marinaden an, von denen ich später einige Löffel voll für die Soße verwende.

SCHASCHLIK-SAUCE: sie verdankt ihre Existenz der wachsenden Beliebtheit für schärferen Geschmack. Sie ist eine Weiterentwicklung des Tomaten-Ketchups, die mit Curry, Paprika und anderen exotischen Gewürzen süß-scharf abgeschmeckt wurde. Benutzt man sie zu Schaschlikspießen (RÖMERTOPF-Kochbuch Seite 72), bestreicht man die Spieße erst nach 45 Minuten, läßt aber zum richtigen Einziehen den Deckel noch für einige Minuten drauf. Der Topf sollte dann aber schon im offenen, abgeschalteten Backofen stehen. Außerdem kann man die Soße zu Frikadellen, Spaghettigerichten, Nudelaufläufen, die schärfer gewürzt werden sollen, oder zu Bratwurst verwenden.

SENF-SAUCE : siehe Mustard-Sauce.

SOJA-SAUCE: sie riecht nach Liebstöckel und schmeckt nach Fleisch, ist aber rein vegetarisch. Kann auch den Namen »Soya« oder »Shoju« tragen. Sie wird aus natürlich vergorenen Sojabohnen hergestellt und zunächst einmal für fast alle Gerichte der chinesischen, für viele Gerichte der indonesischen und japanischen Küche verwendet. Die chinesische Soja-Sauce ist süßer und malziger als die japanische. Sie ist salzig und wird auch als Salzersatz genommen. Eine Abwandlung ist die japanische TERIYAKI-SAUCE, die ebenfalls aus Sojabohnen hergestellt wird, in Japan die Bratensoße ersetzt und sich hervorragend eignet, Geflügel, Fleisch oder Fisch zum Braten (und Grillen) damit einzupinseln. Die indonesische, die Ketjap Benteng heißt, wird in zwei Geschmacksrichtungen angeboten: eine süßliche, Manis genannt, und eine salzige, die Asin heißt. Verwendungsmöglichkeit an Soßen geradezu unbegrenzt, da sie wie eine Fleischwürze gehandhabt wird. Besonders gut schmeckt sie auch zum Würzen von Reis, auch wenn er nicht zu chinesischen Gerichten gereicht wird.

TABASCO: die schärfste aller Würzen. Benannt nach der mexikanischen Stadt und der dort beheimateten, besonders scharfen, roten Tabasco-Pfefferschote. Erfunden wurde diese Würzsoße 1868 auf Avery Island an der Golfküste von Louisiana. Das Schotenmark reift mit Essig und Salz einige Jahre in Eichenfässern. Das flüssige Feuer, das nur in kleinen Tropffläschchen verkauft wird, kam im letzten Jahrzehnt des vorigen Jahrhunderts in deutsche Delikateßgeschäfte. Anwendung überall, wo man mit einem Hauch Schärfe den Gesamtgeschmack abrunden will oder wo richtige Schärfe gefordert wird. Sollte in der Küche einer Soßenköchin nicht fehlen, zumalen man mit einer Flasche gute zwei Jahre auskommt. Selbst bei nicht zu seltenem Gebrauch.

TOMATEN-KETCHUP: das ist Tomatenmark mit feinem Essig, Zucker, Salz, Pfeffer, Paprika und anderen Gewürzen (das können sein: Zitronensaft, Nelken, Zimt, Ingwer, Senf) zu musiger Konsistenz gekocht. Kräftig rote Farbe, Geschmack süßsauer und fruchtig nach Tomaten. Das Angebot ist so groß, daß jeder das ihm zusagende Ketchup findet. Sein Anwendungsbereich ist groß, er reicht von der Beigabe (Flasche auf dem Tisch), über das Abschmecken (Soßen, Fleischteige, Aufläufe) bis zum Einpinseln von Brathähnchen oder Streichen von Sandwichs. Brauchbar bei: Spaghetti, Makkaroni, den entsprechenden Aufläufen, gebratenem Fleisch, gegrilltem Fleisch, zu frischem Tatar, zu gebratenem Hackfleisch in Frikadellen- oder Bratenform, zu Cocktails aus Schalentieren, zu süßsauerem Fleisch chinesischer Art und immer dann, wenn etwas langweilig schmeckt. Man muß sogar achtgeben, daß man nicht zuviel Ketchup verwendet und damit durch eine Würze seine eigene Küche langweilig macht.

WORCHESTER-SAUCE: wird Wuster-Soße gesprochen. Vor 140 Jahren in der gleichnamigen englischen Grafschaft erfunden. Scharfwürzig, und enthält — die genaue Zusammensetzung ist ein Geheimnis — Zuckersirup, Cayennepfeffer, Rum, Zwiebelsaft, Essig, Fleischextrakt, Salz und so weiter. Als Würzsoße kann sie mitgekocht werden, sie rundet tropfen- oder höchstens teelöffelweise verwendet, alle Soßen ab, besonders gut die Weißen. Als Tischsoße nimmt man sie zu Pastetchen (mit weißer Soße), zu Ragout fin, zu Hühnerfrikassee, zu gebratenem oder gedünstetem Bries, zu Hirn oder Kalbsragout.

ZWIEBELSOSSE: siehe Onion-Sauce.

Damit kennen Sie die wichtigsten der fertigen Soßen.

Drei Dinge möchte ich hier noch anhängen, die für den Soßenkoch notwendig sind. Zunächst einmal:

ARROWROOT oder SPEISESTÄRKE: Arrowroot ist das Mehl der Pfeilwurz und dient zum Dicken, wenn man nicht Rahm oder Eigelb oder schlichtes Mehl verwenden will. Es hat den Vorteil, daß die so gedickte Soße ganz klar bleibt. Mengenmäßig wird es wie die verschiedenen Speisestärcken benutzt, also teelöffelweise. Man rührt diese Dickungsmittel immer in etwas Flüssigkeit an, sie brauchen aber nur noch einmal aufzukochen und müssen nicht wie Mehl mitkochen.

KNOBLAUCH: hier gibt es ausgesprochenes Freund-Feind-Denken. Ich bin ein Knoblauchfreund, was nicht heißt, daß ich ihn kiloweise verwende. Aber ein Hauch Knoblauch, so daß man ihn nur erahnt, aber nicht schmeckt, gehört an viele Soßen. Die beste Methode: eine Zehe, auf einen Zahnstocher gespießt, für 30 Minuten mitkochen oder braten lassen, dann herausnehmen (mit dem Zahnstocher findet man sie leichter). Zerdrücken Sie Zehen zu Saft, entfernen Sie vorher den grünen Kern. Er vor allem läßt Sie hinterher nach Knoblauch riechen.

ZWIEBEL: ein großer Koch hat einmal gesagt: »Man kann eher ohne Feuer, als ohne Zwiebel kochen« und das gilt vor allem für die Soßenküche. Sie ist eine solche Selbstverständlichkeit, daß sie gerieben, gewürfelt, ausgepreßt, in Ringe geschnitten, in Stücken oder ganz, geröstet, gedämpft und gekocht eigentlich allen Speisen (außer den Süßen) jene geschmackliche Balance und Abrundung gibt, die das Essen so angenehm machen kann. Was verbessert eine Bratensoße mehr als eine mit Nelken bespickte, mit Öl bepinselte Zwiebel, die weich aus dem Rohr und dem RÖMERTOPF kommt? Der Feinschmecker wird sie fast dem Braten vorziehen. Was erst gibt einem Rumpsteak die Vollendung und kann jede Soße ersetzen: der Berg kroß gebratener Zwiebelringe, der sich appetitlich auftürmt? Was gibt manchen Soßen jene schwer zu definierende Süße, die sie unwiderstehlich macht? Na, immer die Zwiebel.
Wollen wir Zwiebeln verwenden, wo sie nicht gar werden können — in einer Soße also, die wir nicht lange kochen — dann überbrühen wir sie vorher mit kochendem Wasser. Das nimmt ihnen die Schärfe, beläßt ihnen aber ihren »Biß«. Sollen sie weich sein, werden sie in etwas Öl gedünstet, ohne daß sie Farbe annehmen. Sowohl zum Überbrühen wie zum Dünsten werden die Zwiebeln klein oder in dünne Ringe geschnitten. Wollen wir einer Soße mit Zwiebeln mehr Süße als Schärfe geben, verwenden wir die großen spanischen Zwiebeln, die von Natur aus süß sind.
Von den Bulgaren kann man lernen: Ganz fein gehackte Zwiebeln, noch roh gesalzen, verkochen sich im Essen oder in einer Soße spurlos und schnell. Die gleichen Zwiebeln, erst beim Kochen gesalzen, bleiben bei gleicher Kochzeit noch als Stückchen spürbar.
Daß man seine Hände am besten unter kaltem Wasser vom Zwiebelgeruch befreit, dürfte sich inzwischen in allen kochenden Kreisen herumgesprochen haben.

BUTTER ALS SOSSE

Rufen Sie nicht: das haben wir ja schon gehabt! Ich meine hier nicht die Familie der Buttersoßen, sondern die Butter an sich. Wir haben bei den klassischen Soßenrezepten gesehen, daß die Butter ein wichtige Rolle spielt. Sie ist mehr als ein Fett zum Anschwitzen des Mehls oder zum Rösten anderer Zutaten, sie ist gleichzeitig Gewürz und Geschmeidigmacher. Sie kann sogar Soße sein. Zum Beispiel als:

Zerlassene Butter

Frische Butter in einem kleinen Topf oder Spezialbutterpfännchen schmelzen lassen. In alten Kochbüchern heißt dieser Vorgang anschaulich »zerschleichen«. Sie darf nicht zischen. Alte Kochbücher verlangen, daß man sie vom Bodensatz abgießt. Das machen wir nicht, denn der Bodensatz enthält wichtige Geschmacksstoffe. Vorsichtig dosieren, denn 100 Gramm Butter enthalten 777 Kalorien.

Braune Butter

Die Butter erhitzen und dabei umrühren bis sie eine braune Farbe angenommen hat. Diese Butter kann man vor dem Servieren mit ein oder zwei Eßlöffel Weinessig verrühren, in denen man drei zerstoßene Pfefferkörner aufgekocht und abgesiebt hat. Mit grünem Pfeffer kann man sich das Aufkochen sparen, man zerquetscht ihn im Essig, läßt ½ Stunde ziehen und siebt dann ab.
Man rechnet bei zerlassener oder brauner Butter etwa 30 Gramm

pro Person. Gut zu gekochtem Fisch, zu gebratenem Fisch »nach Müllerin Art«, zu Blumenkohl, Brokkoli, Spargel oder Rosenkohl, zu Nudeln oder Reis. Zu Artischocken, zu Hummer, zu Kalbshirn oder Bries.
Die so flüssig gemachte Butter taucht manchmal auf den Speisekarten als »Schwarze Butter«, in feinen Lokalen als »Beurre noir« auf. Lesen Sie »Nußbutter« oder »Beurre noisette«, dann ist das nichts anderes wie schaumigheiße Butter.

Nun gibt es auch eine ganze Menge Butterzubereitungen, die man zu Fleisch, Fisch und zarten Gemüsen reicht. Die bekannteste von ihnen ist die

Kräuterbutter

- *1 Eßlöffel Petersilie,*
  1 Eßlöffel Schnittlauch,
  1 Eßlöffel Kerbel,
  1 Teelöffel Estragon,
  1 kleine Zwiebel,
  100 g Butter,
  Pfeffer,
  Salz.

Kräuter und Zwiebel hacken, mit heißem Wasser übergießen, abtropfen. Mit einem Wiegemesser oder im Mixer pürieren. Butter halbweich werden lassen, mit den Kräutern zu einer gleichmäßig grünen Paste rühren, pfeffern und salzen. Zu jedem gekochten oder gebratenen (nicht panierten) Fisch.

Wie man gewürzte Butter anrichtet

Hier gibt es zwei verschiedene Anschauungen. Die einen formen die Butter zu einer Rolle, wickeln sie in Alufolie und lassen sie im Kühlschrank ganz hart werden. Zum Servieren schneiden sie sie in talergroße dicke Scheiben und legen diese zum Fisch oder zum Steak oder Schnitzel. Das sieht hübsch und ordentlich aus, hat aber den Nachteil, daß die sehr feste Butter auf dem heißen Fisch oder Steak herumrutscht und nicht genug von ihrer Wür-

ze abgibt. Das hat aber auch einen Vorteil: Linienbewußte können nur einmal mit der gewürzten Butter über Fisch oder Steak wischen und sie dann beiseite legen. Die anderen servieren in einem kleinen Gefäß die Butter halbweich. So ist sie eigentlich das, was sie ja sein soll: eine Soße. Sie verteilt sich sofort auf dem Essen und gibt Geschmack und Würzung ab.
Ich stelle es Ihnen frei: machen Sie es lieber besonders attraktiv oder kommt bei Ihnen die Zunge vor den Augen? Eine weitere Kräuterbutter nennt sich

Butter nach Haushofmeisters Art

- *100 g Butter,*
  1 Büschel Petersilie,
  Pfeffer,
  Salz,
  etwas Zitronensaft.

Die Butter weich werden lassen, die Petersilie fein hacken. Unter die Butter rühren, die wir noch mit etwas weißem Pfeffer, Salz oder Streuwürze und Zitronensaft abschmecken. Klassische Butter zu Steinbutt, Heilbutt, gekochtem Lachs (Salm), gedünsteter oder natur gebratener Seezunge.
Man kann zu diesem Rezept auch etwas geriebene Zwiebel rühren.

Knoblauchbutter

- *1 bis 5 große Knoblauchzehen,*
  100 g Butter,
  Salz.

Die Menge des Knoblauchs hängt davon ab, wie und ob Sie Knoblauch mögen und ob Sie es sich leisten können, hinterher danach zu riechen. Sie ziehen die Zehen ab, legen sie für einige Minuten in kochendes Wasser und zerquetschen sie zusammen mit der weichen Butter zu einer gleichmäßigen Paste. Nach Geschmack salzen und (in der feinen Küche) durch ein Haarsieb streichen, daß die Knoblauchreste darin hängen bleiben. Wir bestreichen Weißbrot damit (oder halbe Brötchen), die wir dann toasten. Das wird zu Eintöpfen mit Hammel oder mit Kohl gegessen, zu einem scharf gewürzten Gulasch. Also eine Soße, die man aus der Hand essen kann.

Estragonbutter

- *1 bis 2 Handvoll Estragonblätter,*
- *100 g Butter,*
- *einige Tropfen Zitronensaft.*

Die Blätter mit kochendem Wasser brühen, gut abtropfen lassen, dabei leicht ausdrücken, ohne daß grüner Saft austritt. Zusammen mit der weichen Butter zerreiben, solange bis die Butter richtig grün geworden ist. Nun den Zitronensaft einarbeiten. Durch ein feines Sieb drücken, damit die Kräuterreste zurückbleiben und Sie nur die gewürzte grüne Butter erhalten. Zu gekochtem Huhn, zu Reh- oder Hirschmedaillons.

Sardellenbutter

- *40 g Sardellenfilets,*
- *100 g Butter*

Die Sardellen für 1 Stunde in Mineralwasser legen. Das entsalzt sie und macht sie ganz weich. Fein schneiden und mit der weichen Butter gut verarbeiten. Sollte dann noch durch ein Haarsieb getrieben werden. Einfacher geht's mit 2 Teelöffeln Sardellenpaste. Zu gedünstetem Fisch, zu Steaks, ganzem Roastbeef oder Filet oder 2 Teelöffel voll zum Schluß unter ein Hühnerragout rühren.

Senfbutter

- *3 Teelöffel heller scharfer Senf,*
- *100 g Butter*

Den Senf mit der weichen Butter gleichmäßig verrühren. Zu gekochtem Rindfleisch, zu gekochtem oder gedünstetem Fisch, zu Chikoree im Schinkenmantel, den wir nach RÖMERTOPF-Kochbuch Rezept Seite 79, aber ohne Soße, fast trocken gedünstet zubereiten.

Meerrettichbutter

- *100 g Butter,*
  etwas Pfeffer,
  Salz,
  1 Teelöffel Zitronensaft,
  1 gehäufter Eßlöffel geriebener Meerrettich.

Die halbweiche Butter salzen und pfeffern. Dann langsam den mit Zitronensaft betropften Meerrettich unterarbeiten. Zu magerem Siedfleisch, zu Filetbraten.

Paprikaschotenbutter

- *1 Paprikaschote,*
  125 g Butter,
  Salz,
  1 Teelöffel Edelsüßpaprika.

Die Paprikaschote putzen, halbieren, von den Kernen und weißen Innenhäuten befreien, in kleine Würfel schneiden. In der Butter, die sich möglichst dabei nicht verfärben soll, weich dünsten. Erkalten lassen, durch ein Haarsieb passieren und mit Salz und Edelsüßpaprika würzen. Zu Rostbraten, zu Steaks, zu gedünstetem Fischfilet, zu Karpfen, den wir im RÖMERTOPF in wenig Wein- oder Essigsud fast blau gekocht haben.

Currybutter

- *100 g Butter,*
  ½ bis 1 gestrichener Teelöffel Currypulver,
  ½ Teelöffel Zucker.

Butter halbweich werden lassen, mit dem Curry und Zucker

gründlich verrühren. Zu gekochtem Fisch, zu weißem trockenen Reis, zu Schnitzel oder Steaks.

Mandelbutter

● *60 g Mandeln,*
100 g Butter

Die Mandeln in kochendes Wasser legen, dann die Häute entfernen. Gut abtrocknen und pulverfein zerreiben (Mandelmühle oder Mixer). Mit der weichen Butter vermischen. Anschliessend durch ein Haarsieb drücken. Zu »Forellen au gratin« (RÖMERTOPF-Kochbuch Seite 93), bei denen man die Semmelbrösel mit Käse wegläßt. Zum Schluß auch Topf nicht mehr öffnen.

Merke: Alle diese Buttermischungen eignen sich natürlich auch für die Kalte Küche und als pikante Brotaufstriche.

Die Nothelferbutter

● *60 g Butter,*
50 g feinstes Mehl

Die weiche Butter mit dem Mehl verkneten. Mit dieser Mehlbutter, die in der klassischen Küche «Beurre manié« heißt, kann man zu dünn geratene Soßen ganz zum Schluß noch andicken. Man zieht sie in kleinen Stückchen unmittelbar vor dem Servieren unter. Nicht mitkochen lassen.

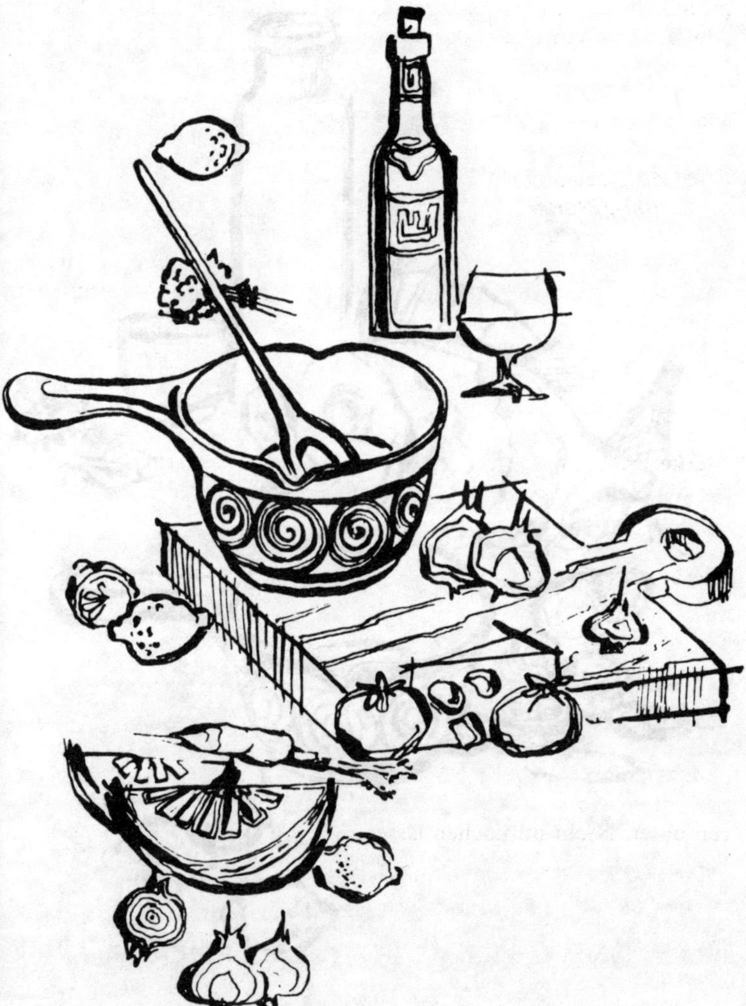

DIE TRICKS DER SOSSENKÖCHE

Bei jeder Zubereitung einer Soße denken wir daran, daß nach Ansicht der Feinschmecker die Soße die Visitenkarte der jeweiligen Küche und ihrer Köchin ist.

Erste Voraussetzung für das Gelingen einer Soße ist das Bereitstellen aller notwendigen Zutaten. Nur wenn man zügig durcharbeiten kann, kann nichts schiefgehen.

Soßen sollten immer frisch zubereitet werden. Erkaltete Soßen, die schon eine Haut gebildet haben, lassen sich nur mit Geschmacksverlust wieder aufwärmen. Auch kalte Soßen aus Joghurt, Quark und ähnlichem sollte man nicht aufheben. So zarte Soßen wie die Hollandaise und ihre Ableitungen sollte man erst im letzten Augenblick zubereiten.

Tiefkühlen lassen sich nicht mehlhaltige Soßen. Man soll sie separat einfrieren und speziell für die Tiefkühlung herstellen. Das heißt: mit möglichst wenig Gewürz. Wir würzen erst nach dem Auftauen, da Zwiebeln und Knoblauch während der Tiefkühlung muffig werden. Kräuter wie Dill, Estragon und Thymian verlieren Geschmack, Bohnenkraut, Majoran und die Gewürze Paprika, schwarzer Pfeffer und Senf schmecken intensiver. Mit Salz immer sparsam sein, da es auch intensiviert wird. Meerrettich, Kümmel und Kapern sind dagegen tiefkühlfest. Mehlhaltige Soßen werden nach dem Auftauen wässrig und flockig. Ausnahme: helle Fertigsoße aus Schächtelchen oder Glas (unsere Grundsoße) erleidet keinerlei Veränderungen.
Saurer Rahm und Mayonnaise gerinnen.

Haben wir eine Soße mit Eigelb gebunden, dann darf sie nicht mehr gekocht werden. **Das Eigelb gerinnt** und dann ist die Soße unrettbar verloren.

Eine geronnene Mayonnaise dagegen kann man retten. Man gießt in ein zweites Gefäß einen Eßlöffel kochendes Wasser, gibt tropfenweise die geronnene Mayonnaise dazu und schlägt die Masse mit Schneebesen oder Handmixer wieder glatt.

Ein Schuß Weinbrand, Cognac oder Armagnac kann jede Soße verbessern und abrunden. Es gibt zwei Möglichkeiten: man gibt die Spirituose zum Anfang mit an die Soße, dann wird sich der Alkohol herauskochen, der geschmackliche Effekt wird jedoch geringer sein, als wenn man ein kleines Quantum ganz zu Schluß dazugibt. Um hier den scharfen Alkoholgeschmack zu vermeiden, kann man die Spirituose vorher flambieren. In einen gut gewärmten Eßlöffel gießen, anzünden, ausbrennen lassen und dann erst zur Soße geben. Das ist wichtig bei kalten Soßen. Bei heißen oder gar kochenden Soßen wird die geringe Menge Alkohol sofort verdunsten.

Soßen mit Rotwein sind geschmacklich immer interessanter als Soßen mit Weißwein. Vor allem, wenn man einen guten Rotwein nimmt. Er verliert seine Güte in keiner Soße, was man von Weißweinen (mögen sie noch so gut sein) nicht immer sagen kann. Insgesamt soll man mit allen Alkoholgaben (Wein einmal ausgenommen, obwohl die Burgundersoße der landläufigen Gaststätten schrecklich ist) vorsichtig und zurückhaltend sein. Eine kleiner Schuß Sherry, Portwein oder Madeira kann eine Soße besser machen, ein großer Schuß wird sie sicher verfälschen und damit verschlechtern.

Wenn Sie zum Soßenfan werden, dann sollten Sie sich einen **Elektromixer oder ein Handrührgerät** anschaffen. Mit ihm werden Ihnen Soßen gelingen, die früher nur ein Berufskoch konnte: alle, die man durch sorgfältiges Schlagen binden muß. So ist die Mixer-Mayonnaise ganz einfach: alle Zutaten inklusive Öl hineingeben, laufen lassen. Einmal, zweimal die Geschwindigkeit erhöhen: ehe man bis 30 zählen kann, ist die Mayonnaise fertig. Und sollte sich auf der Oberfläche ein öliger Schimmer zeigen oder die Konsistenz zu flüssig sein, ein paar Tropfen Essig genügen. Hineintropfen, drei Minuten warten, den Mixer nochmals laufen lassen.

Eine **unfehlbare Methode, geschlagene Soßen zu binden,** sind nach Meinung des großen französischen Kochs Raymond Oliver ganze Eier. Eiweiß ist eines der stärksten Bindemittel in der Küche und gereicht keiner Soße zu Schaden. Doch ist Eigelb allein eine feinere, delikatere Bindung, die auch die Farbe beeinflußt und eine samtigere Konsistenz erzielt. Samtig und geschmeidig müssen auch die mit Mehl, Kartoffel- oder Speisestärke gebundenen Soßen sein. Das erreicht man durch das Ablöschen. Haben sich Mehl und Butter als Schwitze richtig verbunden (durch das Rösten verliert das Mehl seinen rohen Geschmack), nimmt man die Mischung vom Feuer und gibt die kalte bis lauwarme Flüssigkeit unter kräftigem Schlagen mit dem Schneebesen dazu. Dann erst wieder aufs Feuer stellen. Das idealste Bindemittel (neben Rahm und Ei) ist das schon erwähnte Arrowroot, das leider recht teuer ist. Es sei denn, man kann es in einer Drogerie oder Apotheke als Pfeilwurzmehl preiswerter bekommen. Dickt man **eine zu dünne Soße** nach, dann verwendet man dazu kleine Stücke Mehlbutter (Rezept auf Seite 62). Sie dürfen aber nur in die heiße Soße gerührt und nicht mehr mitgekocht werden. Denn durch das kurze Kochen schmeckt das Mehl plötzlich wieder roh.

Eine zu dicke Soße hat entweder zu lange gekocht oder Sie haben zuviel Bindemittel im Verhältnis zur Flüssigkeit verwendet. Nehmen Sie die Soße vom Feuer, schlagen Sie mit dem Schneebesen ein bißchen warme Milch oder warme Brühe darunter. Vorsichtig unter Rühren wieder erhitzen.

Einen Löffel aus Metall benutzen wir nicht, wenn wir eine Soße über dem Feuer und kochend rühren. Er kann zu heiß werde, dann klumpt die Soße an ihm, ausserdem zerkratzt er den Topfboden. Ein Holz- oder Plastiklöffel ist genau das richtige. Mit dem Handmixer berühren wir möglichst den Topfboden nicht.

Je länger man eine Soße kocht, desto dünner wird sie. Das heißt: durch Aufkochen wird sie dick. Durch zu langes Kochen wieder dünn.

Für Klümpchen in der Soße gibt es mehrere Möglichkeiten:
1. Die an die Schwitze gegebene Flüssigkeit war zu heiß;
2. Man hat die Soße im Moment des Aufkochens nicht richtig gerührt;
3. Man hat mit einem Metalllöffel gerührt, der zu heiß wurde;
4. Der Topfboden war zu heiß;
5. Es hat sich eine Haut gebildet, die unter die Soße gerührt wurde.

Mittel dagegen:
1. Diese Fehler vermeiden;
2. Soße durch ein Sieb gießen, wieder gut durchrühren und wieder erhitzen.

Wenn eine weiße Soße zu braun geworden ist, hat man beim Anrösten nicht aufgepaßt und das Mehl zu dunkel werden lassen. Mittel dagegen: helle Fertigsoße benutzen oder die zu dunkle Soße durch etwas Tomatenpüree oder Bratensaft in einen anderen Soßentyp umfunktionieren.

Wenn eine dunkle Soße fettig aussieht, hat man entweder zuviel Fett bei der Einbrenne genommen oder aber die Schwitze überhitzt, sodaß sich Mehl und Fett wieder getrennt haben. Man kann mit einem saugfähigen Küchenpapier einiges von diesem Fett von der Oberfläche der Soße wieder wegnehmen.

Zu scharf-saurer Geschmack einer dunklen Soße wird durch einen Teelöffel Zucker gemildert oder aber durch eine Prise Backpulver.

In eine gute braune Soße gehört immer der mit Flüssigkeit aufgelöste Bratfond (im RÖMERTOPF nur heiße Flüssigkeit zum Löschen verwenden) und der Fleischsaft des Bratens. Beides ist in der Fertig-Bratensoße oder im Fertig-Bratsaft vorhanden, doch sollte man unbedingt Hausmacher-Bratsaft noch dazu geben.

Was ist Fleischglace? In dicken Kochbüchern findet man den Begriff Fleischglace oder Glace, mit dem die Köche ihre Soßen verfeinern, kräftigen und abschmecken. Es ist nichts anderes als der pastenartige, unbegrenzt haltbare Fleischextrakt, der von Justus von Liebig erfunden wurde und der unter der Firmierung »Dr. Liebigs Fleischextrakt« in jeder besseren großmütterlichen Küche stand. Auch wir sollten ihn wieder teelöffelweise verwenden. Eigenherstellung wird nur die Küchenbastler interessieren. Kräftige, gut abgefettete, durch ein Tuch geseihte Fleischbrühe wird so lange vorsichtig eingekocht, bis sie sirupartige Konsistenz erhält.
Den Vorgang des Einkochens nennt man in der Küchensprache Reduktion. Durch sie wird viel wenig schmeckende Flüssigkeit zu einem schmackhaften Konzentrat verringert. Dieser Vorgang ist das eigentliche Geheimnis guter Soßen. **Römerköche haben es leichter**, denn der Fond, der während des Römerns entsteht, ist ein reduzierter Fond, wie ihn ein Meisterkoch nicht besser machen könnte.

Heiße Soßen soll man immer in einer vorgewärmten Sauciere oder sonstigen Schüssel auf den Tisch bringen, damit sie auch heiß bleiben.

Soßen mit flüssiger Butter oder flüssige Butter serviert man in einem Butterpfännchen über einem Kerzenrechaud oder auf einer Wärmeplatte oder man erhitzt sie zwischendurch noch einmal: sie sollen sehr heiß sein. Ausgenommen sind natürlich die gebundenen Buttersoßen aus der Familie der Holländischen und Béarner Soße.

Kalte Soßen sollen nicht zu kalt sein. Vor allem wenn sie Öl enthalten — wie zum Beispiel die Vinaigrette — müssen sie einige Zeit vor dem Servieren aus dem Kühlschrank genommen werden. Das Öl muß ganz dünnflüssig sein, Olivenöl aber kann im Kühlschrank schon ausflocken.

Eine alte Anstandsregel sagt, daß man zum Beispiel den aus einem Steak oder Filetbraten ausgetretenen Fleischsaft auf dem Teller läßt. Das widerstrebt mir, da dieser Fleischsaft eigentlich das

Beste am ganzen Steak ist. So tunke ich ihn denn, wenn ich keine Kartoffeln zur Verfügung habe, ungeniert mit einem Stück Brot auf. Genauso mache ich es mit Resten einer besonders guten Soße. Interessant ist nämlich, daß in den Ländern, in denen hervorragende Soßen gemacht werden, wie in Frankreich oder Italien diese Anstandsregel nicht gilt. Ich habe die Frage: Soll ich auf etwas besonders Gutes verzichten, nur weil zu Urgroßväters Zeiten miese Mehlsoßen, die das Auftunken nicht wert waren, gemacht wurden? zu Gunsten des Auftunkens gelöst.

In der Folge werden Sie die Rezepte von vielen Soßen finden, die es alle wert sind, aufgetunkt zu werden.

OEL

RÖMERTOPF

SOSSENREZEPTE RUND UM DEN RÖMERTOPF

In diesem Rezeptteil werden Sie viele verschiedene Soßenrezepte finden, die das Kochbuch »*Braten und Schmoren im* RÖMERTOPF« ergänzen. Es sind Soßen, die zum Teil im RÖMERTOPF gekocht werden. Die meisten aber können Sie separat machen, am besten im BAY-Keramik-Soßentopf, der speziell dafür hergestellt wurde. Einige Soßen werden kalt gerührt, es sind die sogenannten Beilagensoßen.
In diesem Kapitel werden Sie nichts mehr von Soßenfamilien hören. Hier habe ich zugunsten der alltäglichen Praxis auf alle küchentechnischen Zusammenhänge verzichtet. Jede Soße steht für sich allein. Wenn Sie aber das Kapitel der Soßenfamilien gelesen haben, sind Ihnen die Zusammenhänge nicht mehr fremd und Sie können viele Soßen in ihre Familien einordnen. Das hat den Vorteil, daß Sie sie leichter variieren können. Der Aufbau dieses Rezeptteils richtet sich nur danach, wofür Sie die Soße benutzen wollen. Dabei habe ich mich nach den Untersuchungen gerichtet, die bei den Millionen RÖMERTOPFbesitzern ausgekundschaftet haben (mit Hilfe der Hochrechnungen, deren Genauigkeit Sie ja von den Wahlen her kennen), was am häufigsten im RÖMERTOPF zubereitet wird.
Manche der Soßen eignen sich natürlich auch für noch etwas anderes. Das können Sie im großen Soßenführer nachschlagen. Das Rezept bleibt aber im Grunde gleich.
Der Tontopf, aus dem sich der RÖMERTOPF entwickelte, war einmal ein Spezialgerät zum Hähnchenbraten. Diese besondere Fähigkeit und die Tatsache, daß Hähnchen bei uns soviel gegessen werden, ist der Grund, daß unsere erste Soßenabteilung sich mit dem Geflügel befasst.

Das Geflügel und seine Soßen

Am Anfang sind Hähnchen und Poularde, die einfach nur im RÖMERTOPF gebraten werden. Will man sie nicht solo essen, hier eine Soßen-Auswahl.

Hähnchensoße in Weiß

- *1/4 Liter helle Fertigsoße,*
  100 g feingehacktes Hühnerfleisch,
  50 g feingehackter gekochter Schinken,
  1 gehackte, weichgedünstete Zwiebel,
  100 g dünngeschnittene Champignons,
  1/2 Teelöffel Zitronensaft,
  1 Eßlöffel Senf,
  1 1/2 Eßlöffel gehackte Petersilie,
  1/8 Liter süßer Rahm (knapp bemessen).

Unter die nach Anweisung zubereitete helle Soße das Hühnerfleisch (vom Hals, vom Rücken, Leber und Magen) und den Schinken rühren. Die weiche Zwiebel dazugeben und die Champignons. Noch 5 Minuten auf dem Feuer lassen. Dann mit Zitronensaft, Senf, Petersilie und Rahm abschmecken. Zum tranchierten Hähnchen aus dem RÖMERTOPF servieren. Dazu passen Reis oder Salzkartoffeln, Gemüse wie Blumen- oder Rosenkohl oder aber Salat.

Griechische Eier-Zitronensoße

- *3 Eigelb,*
  3 Eßlöffel Zitronensaft,
  3 Eßlöffel heiße Brühe (Würfel).

Die Eigelb schaumig schlagen, den Zitronensaft dazugeben und etwas heiße Brühe. Über schwachem Feuer weiterrühren. Brühe nachgießen und so lange mit dem Schneebesen bearbeiten, bis die Soße dick geworden ist. Zum Hähnchen servieren. Ich würde nur in Scheiben geschnittenes Weißbrot und einen Salat dazu essen.

Italienische Lebersoße

- *2 Sardellenfilets,*
  100 g Hühnerleber,
  1 Bund Petersilie,
  50 g feine Mettwurst (Teewurst),
  1 Knoblauchzehe,
  etwas abgeriebene Zitronenschale,
  1/8 Liter Olivenöl (knapp bemessen),
  Saft 1/2 Zitrone,
  2 bis 3 Eßlöffel Weißwein,
  Salz, Pfeffer.

Sardellenfilets, die Leber und Petersilie fein hacken. Mit der Wurst, der gepreßten Knoblauchzehe und der Zitronenschale gründlich verarbeiten. Statt frisch geriebener können Sie auch geriebene getrocknete Zitronenschale verwenden, die Gewürzfirmen anbieten, das hat den Vorteil, daß sie von garantiert ungespritzten Früchten stammt. Das Öl im Soßentopf erwärmen, die Paste dazugeben. Durchrühren und braten bis sie sich mit dem Öl vermischt. Dann Zitronensaft und Wein zugeben, gut salzen und pfeffern. Noch einige Minuten leise kochen lassen. Zum Hähnchen mit Nudeln oder trockenem Reis servieren.

Mayonnaise mit Äpfeln

- *1 großer Boskop-Apfel,*
  3 Eßlöffel Mayonnaise,
  1 bis 2 Eßlöffel Zitronensaft,
  1 Teelöffel Tomatenketchup,
  1 Teelöffel Edelsüßpaprika,
  1 Tropfen Tabasco,
  Zucker,
  Salz,
  4 Eßlöffel Joghurt.

Den Apfel schälen, in leicht gesäuertes Wasser legen. Mayonnaise mit Zitronensaft und Ketchup gründlich verrühren und dann den Apfel hineinreiben, dabei immer weiter rühren. Der Apfel soll möglichst wenig mit Luft in Berührung kommen, da er sonst braun und die Soße unansehnlicher wird. Paprika, Salz, Pfeffer und Tabasco unter den Joghurt rühren, den wir wieder unter die Apfelmayonnaise ziehen. Sofort zum Hähnchen servieren. Hier stippt man das Fleisch in die Soße.

Kreolische Soße Nummer eins

- *1 Schächtelchen Bratensoße,*
  1/4 l Wasser.
  1 weich gedünstete Zwiebel,
  1/2 Teelöffel Tabasco oder eine gute Messerspitze Cayennepfeffer,
  1 zerdrückte Knoblauchzehe,
  1 rote Paprikaschote.

Die Bratensoße nach Anweisung zubereiten. Die Zwiebel beim Hähnchen im RÖMERTOPF mitbraten. Zwiebel in die Bratensoße rühren. Mit Tabasco, der zerdrückten Knoblauchzehe und Petersilie würzen. Die Paprikaschote halbieren, die Körner und die weißen Innenwände entfernen, Schote in feine Streifen schneiden. Soße durch ein Sieb passieren, Paprikastreifen mit kochendem Wasser überbrühen, zwei Minuten ziehen lassen, abtropfen. Streifen in Soße einlegen. Zum Hähnchen und Reis servieren.

Orangen Püree

- *1 Schächtelchen Bratensoße,*
  1/4 l Wasser,
  1/8 Liter Orangensaft,
  1 Glas (= 4 cl) Madeira,
  1 geriebene Zwiebel,
  100 g angebratene und pürierte Hühnerleber.

Die Bratensoße nach Anweisung zubereiten. Den Orangensaft, den Madeira und die Zwiebel in die Soße rühren. Etwa 5 Minuten leise kochen lassen. Inzwischen die Hühnerlebern in wenig Öl anbraten, im Mixer oder durch den Fleischwolf pürieren. Das Püree in die Soße rühren und zu Hähnchen oder Poularde servieren. Kartoffeln schmecken dazu und Salat.

● **Variante:** Statt der angebratenen pürierten Leber, 100 g mit der Gabel zerdrückte Hühnerpastete aus der Dose verwenden.

Windermere Soße

● *100 g frische Champignons,*
1 Eßlöffel Butter,
1 Schächtelchen Tomatensoße,
$^1/_4$ l Wasser,
etwas getrockneter Estragon.

Die Champignons sehr fein schneiden, im Soßentopf in der Butter etwa 8 Minuten dünsten. Die Tomatensoße nach Anweisung zubereiten, zu den Champignons gießen. Ebenso aus dem RÖMERTOPF den Bratfond vom Hähnchen oder der Poularde in die Soße gießen, gut durchrühren. Etwas Estragon zwischen den Fingern zerreiben, darüberstreuen. Soße über das zerteilte Hähnchen gießen. Die Soße trägt ihren Namen nach der Heldin von Oscar Wildes Komödie »Lady Windermeres Fächer«.

Geflügel-Knoblauchsoße

● *1 Poularde,*
Salz,
Pfeffer,
50 g Frühstücksspeck,
8 Knoblauchzehen,
1 Eßlöffel Butter,
6 Eßlöffel Wein,
1 kleine Dose Kondensmilch,
Öl.

Die Poularde zerteilen, pfeffern, salzen, mit Öl bestreichen. In den gut gewässerten RÖMERTOPF legen, mit dem zerchnittenen Frühstücksspeck bedecken. Im geschlossenen Topf ins Rohr geben, auf 220 Grad erhitzen und insgesamt 80 bis 90 Minuten saftbraten lassen. Die grob gehackten Knoblauchzehen im Soßentopf in der Butter unter ständigem Rühren mit einem Holzlöffel hellbraun schmoren. Mit Wein ablöschen und zerkochen lassen. RÖMERTOPF öffnen, den kochenden Knoblauchsud dazugießen, Topf wieder schließen, Poularde fertig werden lassen.

RÖMERTOPF aus dem Rohr nehmen, die Poulardenstücke heraus

und beiseite stellen. Sud aus dem RÖMERTOPF in Soßentopf gießen, zum Kochen bringen, Kondensmilch dazugeben, durchrühren. Wenn es kocht durch ein Sieb über die Hühnerstücke passieren. Dazu gibt es Reis und Salat.

Zu einem kalten Hähnchen oder zu Hähnchen-, Poularden- oder Hühnerresten geben wir

Rote Mandelsoße

● *100 g geschälte, süße Mandeln,*
3 eingelegte rote Paprikas aus dem Glas,
1 Teelöffel Tomatenpüree,
3 Eßlöffel Olivenöl,
Salz,
Pfeffer,
Prise Zucker.

Die Mandeln in der Mandelmühle reiben. Mit den Paprikaschoten zu einer Paste verarbeiten (am besten geht das in einem Küchenmörser, sonst nimmt man den Mixer oder Handmixer oder eine feste Schüssel und den Rücken eines Holzlöffels). Tomatenpüree dazugeben und das Öl wie zu einer Mayonnaise zu tropfen. Die dicke Soße mit Salz, Pfeffer und Zucker abschmecken.

Ebenfalls zu Huhn und Hahn kalt paßt diese

Pikante Quarksoße

● *1 Teelöffel scharfer Senf,*
Saft ½ Zitrone,
200 g Magerquark,
1 Zwiebel,
je ½ Eßlöffel frischen Schnittlauch,
Petersilie und Dill, gehackt,
1 Teelöffel Kapern,
1 Teelöffel Pfeffergürkchen, beides gehackt,
etwas Selleriesalz und Edelsüßpaprika.

Den Senf mit dem Zitronensaft vermischen, unter den Quark rühren. Die Zwiebel reiben, mit den gehackten Kräutern, Kapern und Gurken zum Quark geben. Würzen. Die Soße soll dick sein. Ist sie zu dick, verdünnen wir mit etwas Milch oder Joghurt.

Die Ente liebt kräftigere Soßen, sie sind meist dunkel. Klassisch ist die

Bigarade-Soße (Variante von Seite 30)

- *1 Teelöffel Zucker,*
  2 Teelöffel Weinessig,
  Bratsaft einer Ente,
  1 Schächtelchen Bratensoße,
  $^1/_4$ l Wasser,
  Saft 1 Orange und $^1/_2$ Zitrone,
  Schale $^1/_2$ ungespritzten Orange,
  2 Tropfen Tabasco oder Prise Cayennepfeffer.

Den Zucker in einer Kaserolle bräunen, den Essig dazugeben, fast wegkochen lassen. Mit dem Bratsaft einer im RÖMERTOPF fettlos saftgebratenen Ente angießen, dann die nach Anweisung zubereitete Bratensoße dazugeben. Köchelt die Soße gerade, gießen wir den Saft der Orange und Zitrone an. Gut durchrühren und die hauchfein und hauchdünn, in kochendem Wasser gebrühten, geschnittenen Orangenschalen einlegen. Mit etwas rotem Pfeffer schärfen, doch nur so, daß man die Schärfe kaum spürt.

● **Variante:** Die Orangenschalenstreifen 10 Minuten in 3 Eßlöffeln Portwein kochen, dann dazugeben. Übrigens: das Originalrezept wird mit bitteren Pomeranzenschalen zubereitet. Wir können den Effekt erzielen, wenn wir statt Orangenschale einen Eßlöffel bittere Orangenmarmelade an die Soße rühren.

Um Ente im ungarischen Stil servieren zu können, reichen wir eine

Paprikasoße ungarisch

- *100 g Zwiebel,*
  2 Eßlöffel Butter oder Margarine,
  1 Eßlöffel Edelsüßpaprika,
  1 Eßlöffel Mehl,
  $^1/_8$ Liter klare Fleischsuppe,
  $^1/_8$ Liter fertiger Bratensaft,
  1 Eßlöffel Tomatenpüree,
  3 Eßlöffel Sauerrahm.

Die Zwiebeln fein würfeln, in der Butter oder Margarine hellgelb werden lassen. Paprika und Mehl dazugeben und unter Rühren 2 bis 3 Minuten anschwitzen. Dann die nach Vorschrift zubereitete Brühe und den Bratensaft angießen. Tomatenpüree dazu und unter ständigem Rühren aufkochen. Noch 3 bis 4 Minuten kochen lassen. Den Rahm unterrühren und weitere 5 Minuten eben am Sieden halten. Zur Ente servieren. Spätzle gehören auf jeden Fall dazu.

● **Variante:** Statt des Mehls einen zweiten Eßlöffel Edelsüßpaprika nehmen. Wenn wir mit ihm dicken (das kann man, denn Edelsüßpaprika ist ein Löffelgewürz, das in der ungarischen Küche gern statt Mehl verwendet wird), den Topf vom Feuer nehmen, gut durchrühren und mit Flüssigkeit angießen. Erst dann wieder zum Kochen bringen.

Zur folgenden Soße machen wir die Ente im RÖMERTOPF fertig (nach Angaben im RÖMERTOPF-Kochbuch Seite 66), nehmen sie aus dem Topf, tranchieren sie in sechs Teile, die wir warm stellen. Dann beginnen wir mit unserer

Grüne Pfeffersoße

● *Bratsaft der Ente,*
16 Perlzwiebelchen,
3 Knoblauchzehen,
1 Eßlöffel Mehl,
½ Flasche herber Weißwein,
1 große grüne Paprikaschote, klein gewürfelt,
3 Tomaten,
½ Lorbeerblatt,
etwas Thymian,
Wasser,
2 gehäufte Teelöffel grüne Pfefferbeeren,
Salz.

Den Bratsatz der Ente in den Soßentopf geben. Die Perlzwiebeln und die Knoblauchzehen dazu. Gut Farbe annehmen lassen, das Mehl hineingeben und braun werden lassen. Mit Weißwein ablöschen, die Paprikaschote und die enthäuteten, kleingeschnittenen Tomaten beifügen, sowie Lorbeerblatt und Thymian. Kochen bis die Tomaten völlig zerfallen. Zwischendurch umrühren. Eventuell etwas heißes Wasser nachgießen. Sollte die

Soße nicht dunkel genug sein, mit Zuckerkulör nachdunkeln. Die grünen Pfefferbeeren einstreuen, mit Salz abschmecken. Über die Ententeile gießen und servieren. Das kann wiederum im RÖMERTOPF geschehen.

• **Anmerkung eins:** Zuckerkulör ist eine tiefbraune, aus reinem Zucker hergestellte Flüssigkeit (Caramel), die nicht süß ist. Eine Flasche davon sollte der Soßenkoch im Haus haben, da es ein ganz natürliches Mittel ist, Soßen oder Bratsaft dunkler zu machen.

• **Anmerkung zwei:** Grüner Pfeffer wird in Dosen verkauft. In einer Dose sind etwa 8 Teelöffel. Da man grünen Pfeffer nicht in diesen Mengen verbraucht, er aber verderblich ist, wenn die Dose einmal geöffnet wurde, friere ich ihn mir portionsweise ein. Als eine Portion hat sich das Plastikmaß erwiesen, in dem man Eiswürfel friert. Also aus der Dose mit etwas Flüssigkeit solche Eiswürfelbehälter füllen, im Tiefkühlfach frieren lassen. Herausdrücken und zusammen in einer Plastiktüte im Tiefkühlfach oder in der Truhe aufheben. Bei Bedarf verwenden. Grüner Pfeffer ist nicht so scharf wie getrockneter, dafür aber einige Male aromatischer.

Eine gute Entensoße ergibt sich, wenn wir die Bordeaux-Soße (Grundrezept auf Seite 29-30) so abwandeln.

Bordeaux-Soße für Enten

• *1 gehackte Zwiebel,*
3 zerdrückte Pfefferkörner oder einige grüne Pfefferbeeren,
etwas Thymian,
½ Lorbeerblatt,
⅛ Liter Rotwein,
2 Eßlöffel Instant Bratensoße,
Zitronensaft,
2 rohe Entenlebern,
1 Teelöffel Butter.

Die Zwiebel, die Pfefferkörner, den zerriebenen Thymian und das zerbröckelte Lorbeerblatt in Wein auf die Hälfte einkochen. Mit der nach Anweisung angerührten Bratensoße (wobei

Sie als Anrührflüssigkeit auch den abgefetteten Bratsaft der RÖMERTOPF-Ente nehmen können) auffüllen. Mit Zitronensaft abschmecken, durch ein Sieb passieren. In diese Soße durch ein Sieb die beiden Entenlebern streichen, nochmals erhitzen, die Butter unterrühren und eventuell mit etwas Salz abschmecken. Im Soßentopf oder in feiner Sauciere servieren.

Zur dampfenden Ente eine kalte Soße:

Stachelbeersoße auf englische Art

● *500 g nicht ganz reife Stachelbeeren,*
1/8 Liter Weißwein,
1 Teelöffel scharfer Senf,
5 Eßlöffel Mayonnaise.

Die Stachelbeeren in Weißwein kochen bis sie zerfallen. Durch ein Sieb passieren. Ist das Fruchtmark abgekühlt, wird es mit dem Senf und der Mayonnaise gemischt.

● **Variante:** Statt Senf 1 Teelöffel Currypulver nehmen.

● **Variante 2:** Statt Senf 1 Teelöffel zerdrückte grüne Pfefferbeeren nehmen. In jedem Fall wird die Soße nicht kühlschrankkühl, sondern mit Zimmertemperatur serviert.

Zu kalter Ente können wir zwei französische Provinzsoßen reichen, die beide sehr herzhaft und etwas ausgefallen sind. Soße eins heißt:

Pipérade

● *1 Zwiebel,*
2 Knoblauchzehen,
2 bis 3 Eßlöffel Olivenöl,
1 kg Tomaten, abgezogen und entkernt, eventuell Dosentomaten,
3 Eßlöffel Weinessig,
1/2 Liter Wasser, knapp bemessen,
je 1 grüne, rote und gelbe Paprikaschote,
1 Knoblauchzehe,

Salz,
Pfeffer,
1 Lorbeerblatt,
1 Eßlöffel feingehackte Petersilie.

Die feingeschnittene Zwiebel und den kleingehackten Knoblauch im heißen Öl goldgelb braten. Dann die Tomaten zugeben.
In das kochende Essigwasser (zweiter Topf) die in Streifen geschnittenen, sauber geputzten Paprikaschoten und die Knoblauchzehe geben. Die Farben der Schoten sind nur für die Optik da. 5 Minuten kochen lassen, abgießen, abtropfen und ohne die Knoblauchzehe zu den Tomaten geben. Salzen, pfeffern, Lorbeerblatt einlegen und etwa 1 ½ Stunden sanft ziehen lassen. Lorbeerblatt herausnehmen und die Soße, mit Petersilie bestreut heiß oder kalt zur kalten Ente servieren. Weißbrot dazu reichen und einen kräftigen Rotwein.

• **Variante:** Wer die Schärfe liebt, läßt mit dem Paprika eine eingelegte grüne scharfe Pfefferschote mitkochen.
Soße zwei stammt aus der Provence. Man ißt sie zu kaltem Fleisch und kaltem Fisch, aber auch als Vorspeise zu Brot oder Kräckers. Ich finde, daß sie zu kalter Ente besonders gut schmeckt.

La Tapenade

• *200 g schwarze Oliven,*
100 g gewässerte Sardellenfilets,
1 Röhrchen Kapern,
100 g Olivenöl,
Saft von 1 Zitrone,
1 Teelöffel Senf,
eine gute Prise Thymian,
3 durchgepreßte Knoblauchzehen oder 1 Teelöffel Knoblauchsaft,
4 cl Cognac.

Die Oliven entkernen und mit den abgetropften Sardellen möglichst klein schneiden oder hacken. Die Kapern ohne Flüssigkeit dazugeben und in einem Küchenmörser oder mit einer Gabel zu einer gleichmässigen Paste mischen und zerdrücken. Dann unter Rühren das Öl langsam dazugeben, anschließend den

Zitronensaft und die Gewürze. Zum Schluß mit dem Cognac abrühren. Man reicht diese Soße löffelchenweise.

• **Variante:** Zum Schluß noch 2 Eßlöffel gut zerdrückten Thunfisch aus der Dose unterrühren.

Der nächste Vogel ist die Gans. Auch sie kann man im RÖMERTOPF gut zubereiten. Rezept im RÖMERTOPF-Kochbuch Seite 62. Die beste Soße ist die einfachste.

Gute Ganssoße

- *Bratflüssigkeit aus dem RÖMERTOPF,*
- *2 Teelöffel Apfelkompott,*
- *etwas getrockneten Majoran,*
- *½ Scheibe Lebkuchen.*

Den Bratsaft aus dem RÖMERTOPF in den Soßentopf gießen. Mit wenig heißem Wasser im RÖMERTOPF den Bratsatz lösen. Auch in den Soßentopf gießen. Je nach Geschmack ein wenig oder reichlich abfetten. Zum Kochen bringen, Apfelkompott, den zerriebenen Majoran und den zerbröselten Lebkuchen einrühren. Leise einige Minuten kochen bis der Lebkuchen die Soße etwas gebunden hat.

Pikante Ganssoße

- *500 g säuerliche Äpfel,*
- *1 Eßlöffel Butter,*
- *2 bis 3 Eßlöffel Weißwein,*
- *Prise Salz,*
- *Prise Zucker,*
- *Prise Cayennepfeffer oder 1 Tropfen Tabasco.*

Äpfel schälen, achteln, dabei das Kernhaus entfernen. In der Butter auf Feuer zerfallen lassen. Weißwein dazugeben, würzen. Mit Flüssigkeit so auffüllen, daß eine nicht zu dicke Soße entsteht. Eventuell auch die Äpfel durch ein Sieb rühren.

• **Variante:** Statt der Butter 50 g feinstgewürfelten durchwachsenen Speck auslassen und die Äpfel in ihm zerfallen lassen. Ansonsten kann man auch Entensoßen zur Gans reichen. Doch die Gans ist ein eigenwilliger Vogel, sie kommt gut und gerne mit diesen beiden Soßen aus.

Der nächste und letzte Vogel ist der Puter oder Truthahn. Zunächst einmal schmeckt zur gebratenen Pute (RÖMERTOPF-Kochbuch Seite 59) diese einfache Soße.

Prima Putensoße

- *Bratflüssigkeit aus dem* RÖMERTOPF
1 Eßlöffel Speisestärke,
2 bis 3 Eßlöffel Rotwein oder Tomatensaft,
Pfeffer,
Salz.

Den Bratsaft aus dem RÖMERTOPF in den Soßentopf gießen. Mit wenig heißem Wasser im RÖMERTOPF den Bratsatz lösen, falls vorhanden. Auch in den Soßentopf gießen. Die Speisestärke in Rotwein und Tomatensaft verrühren, damit die Soße binden. Aufkochen, mit Salz und Pfeffer nachwürzen. Das ist alles. Die Soße soll kräftig schmecken, dünnflüssig und dunkel (eventuell Zuckerkulör) sein.

Immer mehr werden Puterrollbraten angeboten. Man bekommt ihn bratfertig gewürzt zu kaufen, im Durchschnitt ist er 750 Gramm schwer. Hier ein Rezept plus Soße.

Puterrollbraten in Sahnesoße

- *2 in Scheiben geschnittene Zwiebeln,*
1 Stange Lauch,
2 Möhren,
¼ Sellerieknolle,
1 Stück Petersilienwurzel, alles kleingeschnitten,
3 Eßlöffel Butter,
1 Puterrollbraten,
¼ Liter klare Fleischsuppe,
3 bis 4 Eßlöffel süßer Rahm,
Salz,
Pfeffer.

In den gut gewässerten RÖMERTOPF ein Bett aus den feingeschnittenen Gemüsen legen, darauf den bratfertig gewürzten und gebunden Rollbraten, den wir rundum mit der Butter eingestrichen haben. RÖMERTOPF schließen, in den Ofen schieben und auf 220 Grad aufheizen. Braten gute 2 Stunden im Rohr lassen. Herausnehmen und warmstellen. Gemüse und Bratsaft in den Soßentopf geben, die heiße Brühe angießen und gut durch- und bis auf die Hälfte einkochen lassen. Durch ein Sieb drücken, mit dem Rahm verrühren, abschmecken. Den Rollbraten, nachdem Sie die Schnur gelöst haben, in Scheiben schneiden und in der Soße anrichten.

Aus Israel, wo der Puter das Schwein ersetzt, kommt diese

Spanische Soße

- *2 grüne Paprikaschoten,*
  2 rote Paprikaschoten,
  1 scharfe eingelegte Pfefferschote,
  2 Zwiebeln,
  1 Knoblauchzehe,
  4 Eßlöffel Öl,
  2 Eßlöffel gehackte Petersilie,
  1 kg saftige Tomaten.
  2 gestrichene Teelöffel Salz,
  schwarzer Pfeffer.

Paprikaschoten waschen, aufschneiden (Kerne und weiße Häute entfernen) und in kleine Würfelchen schneiden. Die Pfefferschote der Länge nach aufschlitzen, die Kerne entfernen, den Rest fein hacken, genau wie die Zwiebeln und die Knoblauchzehe. Alles zusammen im Öl anschmoren. Dann die Petersilie dazugeben und die zerschnittenen und enthäuteten Tomaten. Salzen und pfeffern. Im Soßentopf auf kleinem Feuer etwa 30 Minuten kochen. Die Tomaten müssen völlig zerfallen sein.
Diese Soße darf man nicht mit der spanischen Grundsoße, der Espagnole, verwechseln. Sie stammt von den spanischen Juden und ist ein paar hundert Jahre alt (kurz nachdem Kolumbus die Tomaten mitbrachte, entstanden).

Wandern wir in die nächste Kochabteilung.

Das Schweinefleisch und seine Soßen

Schweinefleisch, der Deutschen liebstes Fleisch, kann im RÖMERTOPF ganz ohne fremdes Fett tossiert werden. Dazu genügt ihm das eigene.
Wir befassen uns hier mit Soßen, die zu Schweinebraten passen, mag es nun Karree, Schweinebauch, Kotelettstück oder die Schweinshaxe sein.

Zum normalen Schweinebraten paßt diese

Sehr pikante Soße

- *2 Zwiebeln,*
  2 Eßlöffel Weinessig,
  2 Eßlöffel Weißwein,
  1/4 Liter Delikateß-Bratensoße,
  2 Tropfen Tabasco,
  2 Cornichons,
  1 Eßlöffel Kapern.

Im Soßentopf die feingeschnittenen Zwiebeln in Essig und Wein 15 Minuten dünsten. Sie sollen weich werden und die Flüssigkeit ganz einkochen. Eventuell noch etwas Flüssigkeit, immer im Verhältnis 1 : 1 zwischen Essig und Wein, dazugeben. Die Bratensoße nach Vorschrift zubereiten. Auf die Zwiebel gießen, aufkochen lassen, mit der Pfeffersoße würzen. Die Cornichons und die Kapern fein hacken, unterrühren. Zum Schluß kann man noch, wenn dadurch die Soße nicht zu dünn wird, den Bratsaft aus dem RÖMERTOPF dazugeben.

Haben Sie im RÖMERTOPF Kasseler gemacht und ist davon soviel übrig geblieben, daß Sie es kalt servieren, dann probieren Sie einmal diese

Weinkräutersoße

- *4 Eßlöffel gewürfelte Zwiebeln,*
- *4 abgezogene und gewürfelte Tomaten,*
- *2 Eßlöffel Öl,*
- *2 Eßlöffel feiner Zucker,*
- *1 Glas Weißwein,*
- *1 Knoblauchzehe,*
- *2 Eßlöffel nicht zu scharfer Senf,*
- *1 Teelöffel Salz,*
- *Saft von 1 Orange und 1 Zitrone,*
- *2 Eßlöffel Kräuteressig,*
- *2 hartgekochte Eier, feingehackt,*
- *2 Eßlöffel gehackte Petersilie,*
- *2 Eßlöffel Öl,*
- *1 Eßlöffel gehackter Schnittlauch,*
- *1 Eßlöffel Kapern.*

Die Zwiebeln und Tomaten im Öl dünsten, bis die Tomaten zu Mus geworden sind. Darauf achten, daß die Zwiebeln nicht braun werden. Zucker dazugeben, heiß werden lassen und sofort mit dem Wein ablöschen. Aufkochen lassen und kalt stellen. Die Servierschüssel mit der angeschnittenen Knoblauchzehe ausreiben. Senf, Salz, Orangen- und Zitronensaft, Essig, die gehackten Eier, die Petersilie, das Öl, Schnittlauch und Kapern hineingeben, gut durchrühren und dann die Zwiebelmasse zufügen. Zu einer geschmeidigen Soße rühren, die man mit einem Eßlöffel Apfelmus mildern, mit etwas geriebenem Meerrettich schärfen kann. Außer zu kaltem Kasseler gut zu Pökelzunge oder gekochtem Rindfleisch.

Zu gebratenem Nacken oder auch Schweinefilet schmeckt diese

Russische Rahmsoße

- *Bratenfond aus dem* RÖMERTOPF,
- *1/8 Liter Sauerrahm,*
- *2 kleine Salzgurken,*
- *1 Teelöffel gehackter Dill oder 1/2 Teelöffel getrocknete Dillspitzen,*
- *Salz,*
- *Pfeffer.*

Das Fleisch aus dem RÖMERTOPF nehmen, mit kochendem Wasser den Bratsatz lösen und zusammen mit dem Bratsaft in den Soßentopf gießen. Eventuell mit etwas nach Vorschrift zubereitetem Bratensaft ergänzen. Zum Kochen bringen, den Sauerrahm angießen und 10 Minuten köcheln lassen. Dann die ganz klein geschnittenen Salzgurken und den gehackten oder zerriebenen Dill dazugeben, mit Pfeffer und Salz abschmecken.

Zu Schweinefilet empfehle ich diese

Senfschaumsoße

• *1/4 Liter Sahne,*
4 Eßlöffel Mayonnaise,
4 Teelöffel scharfer Senf,
2 Teelöffel milder (oder süßer) Senf,
4 feinst gehackte Perlzwiebelchen,
1 Teelöffel geriebener Meerrettich,
etwas Zitronensaft,
Salz.

Sahne steif schlagen, Mayonnaise und Senf vorsichtig unterziehen. Ist die Mischung gleichmäßig, geben wir die übrigen Zutaten dazu, schmecken ab und servieren leicht gekühlt.

Zu kleingeschnittenem Schweinefleisch (Geschnetzeltes oder Gulasch), das wir im RÖMERTOPF nur mit Streuwürze gewürzt, mit 1/2 Tasse klare Fleischsuppe und einem Eßlöffel Sojasoße (oder 2 Teelöffeln Fleischwürze) angegossen in 90 bis 120 Minuten gargebraten haben, schmeckt diese

China-Soße süßsauer

• *50 g Mixed Pickles oder anderes, nicht zu scharfes Essiggemüse,*
1 Zwiebel,
1 Möhre,
1 Stange Lauch,
1 Eßlöffel Öl,
1/8 Liter klare Fleischsuppe,
2 Eßlöffel süße Sojasoße,
1 Eßlöffel Zucker,
1 Eßlöffel Weinessig.

Das Essiggemüse fein hacken, die Zwiebel in kleine Würfel schneiden, die Möhre in hauchdünne Scheiben, genauso den Lauch. Im Öl etwa 10 Minuten unter gelegentlichem Umrühren schmoren. Mit der heißen Brühe aufgießen, Sojasoße, Zucker und Essig dazu und 15 Minuten leise köcheln lassen. Zu dem Schweinefleisch und trocken gekochtem Reis servieren.

● **Variante:** Die Soße mit Arrowroot (oder Speisestärke) — 2 Teelöffel in etwas Sherry oder Brühe angerührt — klar binden.

Eine gebratene Schweinshaxe (RÖMERTOPF-Kochbuch Seite 37, aber ohne restliche Brühe und Bratensoßenpulver) können Sie so zu einem ganz neuen Gericht machen.

Exotensoße

● *¼ Liter saure Sahne,*
4 Eßlöffel Mango-Chutney oder Mango-Sauce,
1 Eßlöffel Zitronensaft,
4 Tropfen Tabasco.

Sahne mit dem Chutney (Mango-Sauce ist besser, da sie keine Stückchen enthält), dem Zitronensaft und der Pfeffersoße gründlich vermischen (im Mixer oder mit dem Handmixer oder einem Schneebesen). Zur knusprigen Haxe servieren.

● **Variante:** 1 Eßlöffel kernlose Rosinen so lange einweichen, bis sie schön weich und aufgequollen sind. Unter die Soße ziehen.

Eine ausgefallenere Soße, die man zu gebratenem und dann gewürfeltem Schweinebauch serviert, ist die

Honigsoße

● *¼ Liter Bratensaft (Würfel),*
2 Eßlöffel Tomatenketchup,
5 Eßlöffel Honig,
etwas Knoblauchpulver oder 1 zerdrückte Knoblauchzehe,
Pfeffer,
etwas Salz.

Den Bratensaft nach Anweisung zubereiten (den fetten Saft vom Schweinebauch für die Soße nicht verwenden). Tomatenketchup und Honig dazugeben, genauso Knoblauch. Mit der Pfeffermühle darübergehen und etwa 20 Minuten im Soßentopf kochen. Eventuell noch mit Salz abschmecken.

Zu Schweinebraten aller Art schmeckt eine der Soßen aus der weißen Familie. Sie bekam ihren Namen nach einem Prinz Soubise, der Zwiebeln über alles liebte.

Sauce Soubise

- *1 Schächtelchen Helle Soße,*
  ¼ l Milch
  100 g feingeschnittene Zwiebeln,
  1 Eßlöffel Öl.

Aus der hellen Fertigsoße machen wir mit Milch eine Bechamel. Zur gleichen Zeit dünsten wir die Zwiebeln in Öl, bis sie weich sind. Sie sollen keine Farbe annehmen. Sie werden durch ein Sieb in die Bechamelsoße gedrückt und mit der Soße gut verrührt.

• **Anmerkung:** Wenn Sie die Zwiebeln in Öl weichdünsten, werden Sie das Fett nicht merken, auch wenn die Soße abkühlen sollte.

Ebenfalls eine helle Soße zu Schwein aller Art ist diese Lauchsoße, die ich in einem französischen Kochbuchwälzer (Gastronomie pratique) aus den zwanziger Jahren fand.

Lauchsoße

- *4 Stangen Lauch,*
  etwas klare Fleischsuppe,
  1 Eßlöffel Butter oder Margarine,
  ½ Eßlöffel Mehl,
  ⅛ Liter klare Fleischsuppe,
  etwas Fleischextrakt,
  ein Hauch Muskatnuß,
  Salz,
  Pfeffer,
  2 Eßlöffel süßen Rahm.

Den grobgeschnittenen Lauch in wenig Brühe weichkochen. Butter im Soßentopf erhitzen, Mehl dazugeben, durchrühren und 2 Minuten schwitzen lassen. Mit der lauwarmen Brühe aufgießen und gute 10 Minuten kochen. Rühren. Den Lauch durch ein Sieb dazu passieren, mit Fleischextrakt und den Gewürzen abschmecken. Unmittelbar vor dem Servieren den Rahm unterrühren.

Zu einem schönen knusprigen Schweinebraten empfehle ich

Apfelsoße englisch

● *1 Eßlöffel brauner Zucker,*
2 Eßlöffel Butter,
200 g säuerliche Äpfel (Boskop),
1 Zimtstange,
Bratsaft aus dem RÖMERTOPF, *eventuell mit Wasser auf $1/8$ Liter verdünnt,*
etwas Salz.

Den Zucker mit der Butter in der Pfanne hellbraun werden lassen, dann die geschälten, entkernten und in dünne Scheiben geschnittenen Äpfel dazugeben. 5 Minuten schmoren, dann die Zimtstange dazu. In den Soßentopf umfüllen, die Pfanne mit dem Bratsaft und Wasser gut ausschwenken. Etwa 10 Minuten leicht kochen lassen, durch ein Sieb passieren und heiß servieren.

● **Anmerkung:** Am besten eignet sich für dieses Durchpassieren ein sogenanntes Passevit. Das ist ein Sieb, mit einem durch Handkurbel betriebenen Einsatz, der das, was im Sieb ist zerdrückt und dabei durch das Drahtgitter treibt. Für alle Arten von Püree, das man zu Soßen geben will, eigentlich unerläßlich.

Wenn Sie einmal Schweinekoteletts (auch die können Sie im RÖMERTOPF tossieren) mit einer Spezialsoße essen wollen, probieren Sie doch diese

Knoblauchsoße

- *1 gehackte Zwiebel,*
  3 bis 4 Knoblauchzehen,
  2 Eßlöffel Butter,
  1 Eßlöffel Mehl,
  1/4 Liter klare Fleischsuppe,
  2 Eßlöffel Tomatenmark,
  100 g gehacktes Selleriegrün,
  2 Eßlöffel gehackte Petersilie,
  1 kleines Lorbeerblatt,
  1 Prise getrockneter Thymian,
  Pfeffer und Salz.

Die Zwiebel und die zerdrückten Knoblauchzehen in der Butter rösten bis sie blond geworden sind. Dann unter Rühren das Mehl dazugeben umrühren und dabei 2 Minuten miträsten (schwitzen) lassen. Dann mit der kalten oder lauwarmen Brühe aufgießen, rühren bis alles kocht. Tomatenmark, grob gehacktes Selleriegrün, Petersilie, Lorbeerblatt, Thymian hineingeben, mit der Pfeffermühle darübergehen und leicht salzen. Gute 50 Minuten sanft kochen. Die Koteletts mit der Soße, die Sie passiert oder aber unpassiert (mit herausgenommenem Lorbeerblatt) servieren können, übergießen.

Das Rindfleisch und seine Soßen

Im RÖMERTOPF können wir Rindfleisch auf verschiedenste Arten zubereiten. Die Rezepte (im RÖMERTOPF-Kochbuch von Seite 16 bis Seite 25) reichen vom Rinderbraten über Geschmortes zu Rouladen und zu Sied- oder Tellerfleisch. Besonders zu diesem sind Soßen wichtig. Hier eine kleine Auswahl.

Meine Fernsehsoße

- *125 g Sahnequark,*
  2 Eßlöffel Milch,
  1 Schuß Rum,
  1 Eßlöffel scharfer Senf,

je 1 Prise Salz und Zucker,
Streuwürze,
Worchester-Soße,
1 Eßlöffel bittere Orangenmarmelade.

Den Quark mit der Milch gründlich durchschlagen, einen Schuß Rum, Senf, Salz und Zucker dazugeben, mit der Streuwürze und der Worchester-Soße abschmecken. Alles nochmal kräftig durchrühren. Der Pfiff ist die möglichst bittere Orangenmarmelade, die zum Schluß dazugegeben wird. Ich habe diese Soße mit großem Erfolg im Fernsehen gezeigt, vor allem: sie ist so schnell gemacht wie man das Rezept liest.

Meerrettich und Tellerfleisch gehören zusammen. Diese beiden Soßen beweisen die Vielseitigkeit von Meerrettich.

Meerrettichsoße mit Apfelwein

● *1/4 Liter Apfelwein,*
1/4 Liter Rindfleischbrühe aus dem RÖMERTOPF,
1/8 Liter sauren Rahm,
2 Scheiben Weißbrot ohne Rinde,
50 g geriebener Meerrettich,
Salz,
Rosenpaprika,
1 Prise Zucker,
1 Eßlöffel Zitronensaft,
1 Eßlöffel gehackter Schnittlauch.

Den Apfelwein auf gut die Hälfte langsam einkochen, dann die Rindfleischbrühe (RÖMERTOPF-Kochbuch Seite 24) dazugießen und zusammen um ein Drittel einkochen lassen. Brühe möglichst entfetten. Dann den Rahm einrühren, wieder aufkochen lassen und das Brot hineinkrümeln. Gut durchkochen und durch ein Sieb rühren. Den Meerrettich hinzufügen, mit Salz, Paprika, Zucker und Zitronensaft würzen, mit Schnittlauch bestreut zum Fleisch servieren.

Mandelkren aus Österreich

- *100 g geschälte gemahlene Mandeln,*
  4 hartgekochte Eigelb,
  1 Eßlöffel Zucker,
  1 Eßlöffel Honig,
  100 g geriebener Meerrettich,
  1 Eßlöffel Kräuteressig,
  5 Eßlöffel Öl,
  4 grüne Pfefferbeeren,
  Salz.

Die Mandeln mit den durch ein Sieb gedrückten Eigelb zu einer gleichmäßigen Paste verarbeiten. Dann Zucker, Honig und Meerrettich unterrühren, Essig und Öl dazugeben. Gut mischen. Dabei die Pfefferbeeren zerdrücken. Mit Salz abschmecken und löffelweise zum Siedfleisch geben.

Ganz anders im Geschmack, aber durchaus ausprobierenswert ist

Erdnußsoße

- *125 g Erdnüsse,*
  1 Knoblauchzehe,
  1 Teelöffel Rosenpaprika,
  1 Teelöffel gemahlener Koriander,
  ½ Teelöffel Zucker,
  2 Eßlöffel Öl,
  2 Eßlöffel Pernod,
  etwas Wasser,
  Salz.

Die Erdnüsse in einer Pfanne zusammen mit dem gehackten Knoblauch anrösten. Dann im Mörser zerstoßen (oder im Mixer zerkleinern). Die Gewürze dazugeben. Zur Masse das Öl, den Pernod und das Wasser tropfen, sodaß eine sämige Soße entsteht, die wir mit etwas Salz abschmecken. Versuchen Sie diese Soße auch einmal zur Fleisch-Fondue.

Eine Verwandte der Frankfurter Soße (Seite 39), die auch zu Sied- und Tellerfleisch gut schmeckt, ist aus Genua in Italien.

Pesto genovese

● *1 Bündel Petersilie,*
1 gute Handvoll frisches Basilikum,
2 Knoblauchzehen,
50 g geriebener Parmesan,
100 g weißer Schafskäse wie Mozarella,
4 Eßlöffel Öl,
Prise Salz,
Pfeffer,
2 Teelöffel Zitronensaft.

Petersilie und Basilikum grob schneiden, in den Mixer geben, alle anderen Zutaten nach und nach dazu. Bei nicht hoher Geschwindigkeit fein zerkleinern, Soße müßte in 3 Minuten fertig sein. In ihrer Heimat wird sie im Mörser gerieben, das können auch Sie machen. Außer zu Tellerfleisch kann man die Soße zu gekochtem Huhn oder aber zu Spaghetti oder Makkaroni servieren.

● **Variante:** 80 bis 100 g Pinienkerne fein mahlen und zur Soße rühren.

● **Anmerkung:** Die Soße soll kräftig grün sein. Schaffen es die Kräuter nicht, geben wir eine Handvoll frischen Spinat dazu. Der färbt kräftig.

Eine Variante zur Russischen Rahmsoße ist die

Polnische Gurkensoße

● *1/4 Liter helle Fertigsoße*
1/4 l Milch,
100 g Dillsalzgurken,
etwas Gurkensaft,
etwas Pfeffer.

Die Soße nach Anweisung zubereiten, statt Wasser Milch nehmen. Die Dillsalzgurken fein und klein schneiden, unter die kochende Soße rühren und einige Minuten mitkochen lassen. Mit etwas Gurkensaft und weißem Pfeffer abschmecken. Wichtig ist, daß man echte eingelegte Dillsalzgurken nimmt.

● **Variante:** Einen Eßlöffel Joghurt unterrühren.
Schmeckt auch gut zu Kartoffeln auf Savoyer Art und zu Schweizer Rösti (RÖMERTOPF- Kochbuch Seite 75).

Siedfleischsoße aus Österreich

● *1/4 Liter helle Fertigsoße,*
1/4 l Milch,
1 gehäuften Teelöffel getrockneter Majoran.

Die Fertigsoße nach Anweisung zubereiten, statt Wasser Milch nehmen. Den Majoran gut in der Hand zerreiben, bis er sich etwas angewärmt hat. In die Soße rühren und einige Minuten mitkochen lassen. Das ist alles!

Die letzte Soße zum Tellerfleisch ist die

Melonensoße

● *4 Eßlöffel Butter oder Margarine,*
2 Eßlöffel Mehl,
1/4 Liter Weißwein,
1/4 Zucker- oder Ogenmelone,
2 Eßlöffel Weinessig,
1 Eßlöffel Zucker,
Salz,
Pfeffer.

In die zerlaufene Butter das Mehl geben, anschwitzen lassen (etwa 3 Minuten unter Rühren), mit dem kalten Weißwein ablöschen. Die Melone raffeln und etwa 4 Eßlöffel voll in die Soße rühren. Mit Essig und Zucker abschmecken. Etwa 10 Minuten köcheln lassen, pfeffern, salzen und durch ein Sieb passieren. Wird warm oder kalt serviert.
Aber nicht nur gekochtes Rindfleisch braucht eine Soße, auch gebratenes wird dadurch besser.

Im RÖMERTOPF kann man ganz ausgezeichnet ein Roastbeef machen, wie folgendes Rezept beweist.

Roastbeef für Anfänger

- *1250 g Roastbeef, Salz, Pfeffer, Öl, scharfer Senf, 4 geviertelte Zwiebeln.*

Das Roastbeef salzen, pfeffern, mit Senf bestreichen und einölen. Das Fleisch mit der Fettseite nach oben in den gut gewässerten RÖMERTOPF mit Bratstegen legen. Sonst einen Unterteller in den RÖMERTOPF geben und das Fleisch darauf legen, damit es beim Braten nicht in seinem Saft liegt und unten grau wird. Zwiebeln rundherum verteilen, RÖMERTOPF schließen, in den Backofen stellen. Auf 220 bis 250 Grad heizen, 70 bis 80 Minuten (das kommt auf die Höhe des Fleischstücks an) tossieren. Herausnehmen, 4 Minuten ruhen lassen, anschneiden. Das Fleisch ist ungemein saftig und rosig.

Wir können den reinen Bratsaft dazu servieren. Das ist zwar nicht viel, aber gut. Und zusammen mit dem austretenden Fleischsaft genügt es fast. Ansonsten passen Soßen auf Mayonnaisen- und Hollandaisenbasis. Meine Frau hat eine einfachere Soße entwickelt, die köstlich schmeckt. Vor allem wenn man zum Roastbeef Brokkoli, Rosenkohl, Blumenkohl oder grüne Bohnen serviert. Nennen wir sie

Evas Fleischsoße

- *1/4 Liter helle Fertigsoße, Bratsaft und Fond vom Roastbeef aus dem* RÖMERTOPF, *etwas Fleischextrakt, winzige Prise Estragon.*

Die helle Soße nach Vorschrift zubereiten, als Flüssigkeit jedoch den Bratsaft und in wenig Wasser aufgelösten Fleischextrakt nehmen. Sie bekommt dann eine mittelbraune Farbe und wird mit wenig getrocknetem Estragon abgeschmeckt. Man kann sie auch noch mit einem Tropfen Tabasco schärfen und einigen Tropfen Zitronensaft pikanter machen.

Zur klassischen Küche und der Familie der Buttersoßen gehört

Sauce Souwaroff

● *¼ Liter Sauce Béarnaise (Rezept Seite 35),*
1 Messerspitze Fleischextrakt,
1 Teelöffel Truffelstückchen.

Lösen Sie den Fleischextrakt in sehr wenig Wasser auf. So, daß man ihn unter die Béarnaise ziehen kann. Schneiden Sie die Dosentrüffel ganz fein und rühren sie unter. Mir schmecken hauchfein geschnittene frische rohe Champignons besser. Dann ist es zwar nicht mehr die klassische Soße, sondern eine preiswertere, zeitgemäßere Phantasiesoße.

Rote Fleischsoße

● *Eingelegte rote Paprikaschoten,*
125 g Mayonnaise,
3 Eßlöffel Tomatenmark,
4 mit Pimientos gefüllte Oliven,
Basilikum,
Salz,
Pfeffer,
Prise Zucker.

Die abgetropften Paprikaschoten mit dem Handmixer pürieren, durch ein Sieb rühren, damit die Haut zurückbleibt. 4 Eßlöffel dieses Pürees mit der Mayonnaise, dem Tomatenmark, den sehr klein gehackten Oliven und einem Teelöffel feingehackten frischen Basilikum vermischen. Würzen, servieren. Die Soße soll gleichmäßig rot sein.

● **Variante:** Statt der eingelegten Paprikaschoten frische nehmen, weich dünsten und genauso weiterbehandeln wie die eingelegten. Diese Soße ist nicht so säuerlich.

● **Variante 2:** Statt frischem Basilikum (das aber besser ist) getrocknetes nehmen. ½ Teelöffel davon in etwas lauwarmem Wasser 10 Minuten ziehen lassen. Abtropfen.

Mayonnaise mit Zwiebeln

- *3 Zwiebeln oder 2 Gemüsezwiebeln,*
- *1/8 Liter Sahne,*
- *4 Eßlöffel Mayonnaise,*
- *1/2 Teelöffel Worchester-Soße,*
- *2 Tropfen Tabasco,*
- *etwas Zitronensaft,*
- *Salz,*
- *Pfeffer.*

Die geschälten Zwiebeln in dünne Ringe schneiden und in wenig Wasser weich dünsten. Aufpassen, daß sie keine Farbe annehmen. Fein pürieren, durch ein Sieb rühren, kalt stellen.
Die Sahne steif schlagen, mit der Mayonnaise und den Gewürzen vermischen. Dann das Zwiebelmus unterziehen. Muß sofort auf den Tisch.

● **Variante:** Statt der frischen Zwiebeln Instant Röstzwiebeln nehmen. In die Sahne geben, schlagen. Dann wie oben verfahren. Gut schmeckt auch die nächste Soße.

Roastbeef-Senf

- *3 Eßlöffel Mayonnaise,*
- *3 Eßlöffel Quark,*
- *3 Eßlöffel Senf,*
- *1 hartgekochtes Ei,*
- *2 Teelöffel gehackter Schnittlauch,*
- *etwas Zucker,*
- *etwas Salz,*
- *1 Teelöffel Orangenmarmelade.*

Die Mayonnaise mit dem glattgerührten Quark und dem Senf zu einer Soße verrühren. Das hartgekochte Ei fein hacken, mit Schnittlauch, Zucker, Salz und der Orangenmarmelade gut unterarbeiten. Gekühlt servieren.

Quark ist die Basis der nächsten Soße, die aus Mexiko stammt.

Avocado-Soße

● *1 kleine Zwiebel,*
250 g Quark,
1 Eßlöffel Milch,
1 Avocado,
1 Eßlöffel Zitronen- oder Limettensaft,
½ Teelöffel Tabasco,
Salz,
Pfeffer.

Die Zwiebel sehr fein schneiden und mit dem mit Milch glattgerührten Quark vermengen. Die Avocado halbieren, den Kern herausnehmen, das buttrige Fruchtfleisch mit einem Löffel aus der Schale kratzen. Mit einer Gabel zermusen und mit dem Quark vermengen. Mit Saft, Pfeffersoße, Salz und Pfeffer herzhaft würzen. Das ist von der Konsistenz her mehr eine Beilagencreme als eine übliche flüssige Soße.

● **Anmerkung:** Avocados, die gartengerätgrünen birnenförmigen Früchte müssen ganz reif sein. Das heißt: sie müssen bei Druck die Druckstelle behalten. Der Kern ist recht groß, die Schale dünn und fest, sodaß man sie gut mit einem scharfrandigen Löffel auskratzen kann. Man nennt Avocados wegen ihrer Konsistenz und ihres Nährstoffgehaltes auch die Butter des Waldes.

● **Anmerkung 2:** Limetten sind Verwandte der Zitrone. Sie haben jedoch keine Kerne und einen höheren Saftanteil. Im Gegensatz zu den Zitronen sind sie im Zustand höchster Reife grasgrün. Ihr Geschmack ist nicht ganz so sauer und etwas aromatischer.
Im übrigen können alle diese Soßen auch zu Steaks, zu Filetbraten oder sonstigem Kurzgebratenen serviert werden.

Zum Rinderbraten oder Rinderschmorbraten (RÖMERTOPF-Kochbuch Seite 20) servieren wir zunächst einmal eine klassische braune Soße, indem wir den Bratsaft mit Bratensaft aus dem Glas verlängern (oder zur Herstellung einer braunen Fertigsoße benutzen). Wir können mit etwas Mehl oder Speisestärke binden und mit Sauerrahm abschmecken. In diese Soße Madeira zu gießen, sollten Sie sich überlegen. Zu leicht kann hier der

Weingeschmack den Fleischgeschmack überlagern. Variationsmöglichkeiten finden Sie in der Abhandlung über die braune Soßenfamilie auf Seite 27-32.

Hier eine Soße, die schnell anzurühren ist und aus dem Rahmen fällt.

Roquefort-Soße

● *100 g Roquefort oder Edelpilzkäse,*
1 Becher Joghurt,
etwas Zitronensaft,
Pfeffer.

Den Käse gründlich mit der Gabel zerdrücken, dabei den Joghurt portionsweise dazugeben. Nehmen Sie in diesem Fall nur dann Magerjoghurt, wenn Sie mit Kalorien sparen müssen. Mit Sahnejoghurt schmeckt die Soße erheblich besser. Mit Zitronensaft und Pfeffer abschmecken. Diese kalte Soße kann man auch gut zu Lammkeule servieren.

● **Variante:** Statt Joghurt 3 Eßlöffel Mayonnaise und 4 gehäufte Eßlöffel Schlagrahm nehmen. Das ist allerdings eine kalorienreiche Soße!

● **Anmerkung:** Wenn Sie nicht gerade abnehmen wollen, eine Frühjahrskur oder sonstige Diät machen, sollten Sie bei Soßen nicht so stark auf die Kalorien sehen. Rahm ist durch nichts zu ersetzen und Hollandaise-Ersatz schmeckt nicht wie die richtige Holländische Soße. Ich empfehle Ihnen das Rezept nach dem ich lebe: lieber ein Löffel gute Soße als drei kalorienarme!

Im RÖMERTOPF kann man auch Schaschlik und andere Spieße machen, siehe RÖMERTOPF-Kochbuch Seite 51 und 72. Es gibt jetzt sogar ein Modell mit Spießchen zu kaufen.
Dafür empfehle ich Ihnen neben den Fertigsoßen diese Selbstgemachten.

Kaukasische Schaschliksoße

- *250 g Essigpflaumen,*
  2 Knoblauchzehen,
  etwas getrocknetes Basilikum,
  gemahlener Koriander,
  Salz,
  Zucker,
  Messerspitze Cayennepfeffer.

Die Pflaumen abtropfen und entsteinen. In wenig Wasser (oder etwas Rotwein) so weich dünsten, daß man sie leicht durch ein Sieb drücken kann. Das Püree mit den zerquetschten Knoblauchzehen verrühren, mit Basilikum und Koriander prägnant würzen, mit Salz und Zucker abschmecken und mit Cayennepfeffer schärfen. So scharf wie Sie es mögen. Die Soße wird kalt zu den Schaschlikspießen serviert, wobei man jeden Bissen hineintaucht.
Weißbrot in groben Stücken gehört dazu und lindert die Schärfe. Die Soße paßt auch zu Steaks und zu gebratenen (gegrillten) Hähnchen.

Schaschliksoße Nummer zwei

- *1 Zwiebel,*
  1 Paprikaschote,
  2 Sardellen,
  3 Eßlöffel Tomaten-Ketchup,
  3 Eßlöffel Öl,
  etwas Zitronensaft,
  etwas Worchester-Sauce,
  einige Tropfen Tabasco,
  1 Bund Schnittlauch,
  1 Bund Petersilie,
  Salz,
  Zucker.

Die Zwiebel schneiden, die Paprikaschote waschen, schneiden (Kerne und weiße Innenwände entfernen) und mit kochendem Wasser überbrühen. Sardellen zerteilen, Kräuter fein schneiden. Alles zusammen im Mixer zerkleinern oder aber mit der Hand sehr fein hacken, die anderen Zutaten unterrühren. Diese Soße nur teelöffelweise verwenden.

Daß man im RÖMERTOPF gut Sauerbraten zubereiten kann, beweist das Rezept mit Variationen im RÖMERTOPF-Kochbuch auf Seite 23. Das Wichtigste aber beim Sauerbraten ist die geschmackbestimmende Marinade. Da sie den Geschmack der Sauerbratensoße stark beeinflußt, möchte ich Ihnen hier einiges Grundsätzliche dazu sagen, da es in ein komplettes Soßenbuch gehört.

Marinade für Sauerbraten

Sie kann eine Weltanschauungsfrage werden. Die Zarten lieben Buttermilch, die mit den feinen Zungen bevorzugen Rotwein, alle anderen nehmen Essig in verschieden kräftiger Dosierung. Daß man besten Wein- oder Kräuteressig nimmt, ist selbstverständlich. Ob man die Marinade vorher aufkocht oder nicht, ob man das Fleisch mit dem kochenden Sud übergießt oder diesen auskühlen läßt, ist eine Frage des persönlichen Geschmacks. Kochend übergossen wird der Braten saurer. In keinem Fall sollte die Marinierzeit 4 Tage überschreiten, es sei denn Sie kaufen wirklich ein altes, ganz billiges Stück Rindfleisch. Zwiebeln werden immer roh an die Marinade gegeben, Nelken nach Geschmack, wenig Lorbeerblatt, da es leicht aufdringlich herb schmeckt, Wacholderbeeren immer anquetschen, Pfefferkörner nicht zerstoßen, Sellerie ganz dünn geschnitten und wer's liebt, eine oder zwei Knoblauchzehen.
Versierte Sauerbratenköche schwören auf das gute Durchbraten. Das heißt, lieber ein halbes Stündchen zugeben: Sauerbraten ist kein Hopp-hopp-Gericht. Deshalb ist der RÖMERTOPF so geeignet, hier wird langsam und schonend zubereitet, der Sauerbraten wird so mürbe wie ein Ideal-Sauerbraten sein soll. Die Soße kann man durch ein Stück beigegebenem Lebkuchen oder Pumpernickel besonders sämig machen, einen feinen Geschmack erhält man durch das Dazureiben einer bitteren Mandel. Kann durch einige Tropfen Angosturabitter ersetzt werden.

Hier ein Rezept, das sich für den Mini-RÖMERTOPF eignet und mit dem sich Alleinstehende (ein normaler Sauerbraten soll ein Kilo schwer sein) ein Sauerbratengefühl verschaffen können.

Das Sauerbrätchen

- *1 Scheibe Rinderhüfte, etwa 150 bis 200 g,*
  1 Scheibe Frühstücksspeck,
  Salz,
  Pfeffer,
  ½ gelbe Rübe,
  ½ Gewürzgurke,
  3 Eßlöffel Essig,
  1 Eßlöffel Öl,
  3 Eßlöffel Rotwein,
  ½ Zwiebel,
  2 Pfefferkörner,
  1 Nelke,
  1 Wacholderbeere,
  1 Eßlöffel Öl,
  3 bis 4 Eßlöffel süße Sahne,
  1 Stück Pumpernickel,
  1 Eßlöffel Johannisbeergelee,
  etwas Salz.

Das geklopfte Fleisch salzen und pfeffern, die Scheibe Speck darauflegen, darauf die halbe Möhre und Gurke (beide in der Länge halbiert). Das Fleisch zusammenrollen und mit einem Faden umbinden. Die halbe Zwiebel in Ringe schneiden, Öl, Essig und Rotwein zusammenrühren, die zerdrückten Gewürze dazugeben. Das Rollbrätchen über Nacht marinieren. Abtropfen, rundum in heißem Fett anbraten. Den RÖMERTOPF wässern, Marinade und Rahm hineingießen, Marinadenzwiebel und Pumpernickel sowie das Fleisch zufügen. Schließen, im Backofen bei 200 Grad 90 Minuten tossieren. Zum Schluß Johannisbeergelee an die Soße rühren, mit Salz abschmecken, Soße durch ein Sieb passieren.

Das Kalbfleisch und seine Soßen

Wenn wir im RÖMERTOPF Kalbfleisch machen, dann geben wir, weil es so fettlos ist, etwa ⅛ l Brühe dazu. Gut schmeckt eine Hühnerbrühe aus einem Würfel. Gießen Sie die Brühe warm an. Machen Sie den Kalbsbraten von Seite 26 (RÖMERTOPF-Kochbuch), so brauchen Sie ihn nicht auf dem Rost noch krustig braten, lassen Sie ihn kalt werden, und machen Sie

Kalbfleisch mit Thunfischsoße (vitello tonnato)

- *500 bis 700 g dünn aufgeschnittener Kalbsbraten,*
  1 kleine Dose Thunfisch,
  4 Sardellenfilets,
  6 Eßlöffel Olivenöl,
  1 Eidotter,
  2 Eßlöffel Zitronensaft,
  4 Eßlöffel Rahm,
  4 bis 6 Eßlöffel klare Fleischsuppe,
  2 Eßlöffel kleine Kapern,
  8 schwarze Oliven,
  2 harte Eier,
  Salz,
  Pfeffer.

Das Kalbfleisch in dünne, nicht zu große Scheiben schneiden. Im Mixer (mit einem Rührgerät oder mit einer Gabel) den abgetropften Thunfisch, die 15 Minuten gewässerten und kleingeschnittenen Sardellen pürieren. Das Öl, den Dotter und den Zitronensaft zugeben, 8 Sekunden im Mixer verquirlen, sonst bis sich eine gleichmäßige Paste ergeben hat. Mit dem Rahm in einem Schüsselchen verrühren und soviel Fleischbrühe darangeben, daß die Soße dickflüssig wird. Kapern hinzufügen und abschmecken. Eine flache Schüssel mit der Hälfte der Soße ausgießen, das Kalbfleisch dachziegelförmig hineinlegen und mit der restlichen Soße bedecken. Mit Folie verschließen und für mindestens 8 Stunden in den Kühlschrank stellen. Dann Zimmertemperatur annehmen lassen, mit halbierten entkernten Oliven und geviertelten Eiern gernieren. Eine üppige Vorspeise oder ein angenehmes Abendbrot. Dazu gibt es Weißbrotschnitten.

Ebenfalls köstlich zu kaltem Kalbsbraten (und wie ich finde, auch zu warmer Kalbshaxe) ist die

Persillade

- *3 Eßlöffel Salatöl,*
  3 Teelöffel Zitronensaft,
  1 Teelöffel geriebene Zwiebel,
  1 Prise Salz,
  1 hartgekochtes Ei,
  6 Eßlöffel gehackte Petersilie.

Öl, Zitronensaft, Zwiebel und Salz gründlich miteinander verrühren, bis sich das Salz gelöst hat. Das Ei fein hacken, mit der Öl-Zitronen-Marinade und der Petersilie gut vermischen. Eine halbe Stunde ziehen lassen. Diese Soße ißt man teelöffelweise.

Warm dagegen wird die nächste Soße serviert. Sie paßt zu geschmortem oder gekochtem Kalbfleisch, das Sie mit reichlich Brühe (3/8 Liter) in 100 Minuten im RÖMERTOPF machen können. Auch zu Kalbszunge schmeckt sie gut.

Petersiliensoße, Nummer zwei

- *Helle Fertigsoße, mit 1/2 l Milch nach Anweisung zubereitet,*
- *2 bis 3 gehäufte Eßlöffel frischgehackte Petersilie,*
- *1 Eßlöffel Zitronensaft,*
- *3 bis 4 Tropfen Tabasco.*

Unter die heiße, fertige Béchamel-Soße rühren wir die Petersilie. Nicht mehr aufkochen, mit Zitronensaft und Tabasco abschmekken. Die Soße schmeckt herzhaft nach Petersilie und paßt natürlich auch zu Huhn.

Zu Schnitzel, Kalbskoteletts (RÖMERTOPF-Kochbuch Seite 29) oder zu einem Kalbsschlegelstück schmeckt diese pikante

Sardellensoße kalt

- *6 Sardellenfilets,*
- *3 hartgekochte Eier,*
- *1 kleine Zwiebel,*
- *1 Eßlöffel feingehackte Petersilie,*
- *2 Eßlöffel Sonnenblumenöl,*
- *1 Teelöffel Meerrettichsenf (oder Senf plus geriebenem Meerrettich),*
- *1/4 l Sauerrahm (Schmant),*
- *1 Teelöffel Zitronensaft,*
- *Salz,*
- *Pfeffer.*

Die Sardellenfilets fein hacken, mit einem Löffel zerdrücken.

Eigelb durch ein Sieb streichen, zu dem Sardellenmus geben. Mit der gehackten Zwiebel, Petersilie, Öl und Senf verrühren. Das Eiweiß fein schneiden und dazugeben. Mit dem Sauerrahm verrühren, mit Zitronensaft, Salz und Pfeffer abschmecken. Statt der Sardellenfilets kann man auch 2 Teelöffel Sardellenpaste aus der Tube nehmen.

Zu jeder Art von Kalbfleisch paßt die folgende Soße. Versuchen Sie sie auch einmal zu gefüllter Kalbsbrust.

Mandelsoße

● *100 g Mandeln,*
Salz,
2 Eßlöffel Butter,
1 kleine Knoblauchzehe,
1/8 l steifgeschlagener süßer Rahm,
1 Messerspitze Rosenpaprika.

Die Mandeln in heißem Wasser brühen, die Haut abziehen, hacken. Mit Salz in die Pfanne geben, in der Butter und die kleingeschnittene Knoblauchzehe gerade anfangen, Farbe anzunehmen. Gut durchrösten. Erkalten lassen. Mandeln unter den steifgeschlagenen Rahm ziehen, den wir mit scharfem Paprika leicht bestäuben. Man nimmt sich einen Klacks Mandelrahm zum Fleisch.

Bereiten Sie Kalbsrouladen auf Ihre Art oder aber wie im RÖMERTOPF-Kochbuch auf Seite 32 beschrieben. Gießen Sie sie aber nur mit der Brühe an und lassen Sie das Mehl weg. Sind die Rouladen nach 60 Minuten gar, dann machen Sie diese

Traubensoße

● *Helle Fertigsoße für 1/2 l Flüssigkeit,*
1/8 l Rouladenbrühe,
1/8 l Traubensaft,
1/4 l Milch,
3 Eßlöffel Sherry,
etwa 12 bis 15 halbierte und entkernte Trauben.

Soße nach Anweisung mit den angegebenen Flüssigkeiten zubereiten, die Trauben dazugeben und mindestens 5 Minuten darin ziehen lassen. Dann in den noch heißen RÖMERTOPF gießen, in dem noch die Rouladen liegen und diese im Topf und in der Soße servieren.

Wenn Sie Kalbfleisch herzhaft und pikant lieben, dann empfehle ich Ihnen ein

Kalbs-Curry

- *600 g Kalbsschulter in Würfel geschnitten,*
  Salz,
  Pfeffer,
  ½ l klare Fleischsuppe,
  2 bis 3 Eßlöffel Currypulver,
  1 Apfel,
  Streuwürze,
  1 Eßlöffel Butter,
  1 Eßlöffel Mehl,
  1 Eßlöffel Mango-Chutney,
  1 Eßlöffel Weinbrand,
  einige Eßlöffel Rahm.

Das Kalbfleisch salzen und pfeffern. In den gut gewässerten RÖMERTOPF geben. In der heißen Fleischsuppe das Currypulver auflösen. Den geschälten Apfel reiben, in die Brühe rühren, mit Streuwürze abschmecken. Alles an das Kalbfleisch gießen. Deckel schließen. In den Backofen geben. Bei 220 Grad 2 Stunden tossieren. Butter mit Mehl verkneten, die Soße damit binden. Mit Mango-Chutney und Weinbrand abschmecken, mit Rahm verfeinern. Dazu gibt es Reis oder Butternudeln.

● **Variante:** Statt Mango-Chutney Ananassaft dazugeben, die verkochte Flüssigkeit mit heißer Milch auffüllen.

Das Wild und seine Soßen

Wild wird bei uns noch immer zu wenig gegessen, dabei schmeckt es nicht nur gut, sondern ist ein mageres, eiweißreiches

Fleisch. Durch die Tiefkühlung und Importe aus dem Ostblock, aus Neuseeland und anderen wildreichen Ländern wird es in guter Qualität das ganze Jahr über angeboten.
Der RÖMERTOPF eignet sich gut für alle Wildarten. Durch die schonende Garmethode des Tossierens bleibt Wild auch ohne Spicken saftig.
Da ich am Wild den Eigengeschmack so schätze, serviere ich Ihnen keine Soßen, in dem Sie ihn ertränken könnten. Ich finde, bei Wild sollte die Soße nur ein Beigabe-Gewürz sein, wie zum Beispiel die Cumberland-Sauce, oder aber die Beilagen besser rutschen lassen.

Vor den Soßen zwei Rezepte, die den Feinschmecker entzücken und den Anfänger zum Könner machen. Ein ganz fabelhaftes und einfaches Rezept ist der

Fasan im RÖMERTOPF

● *1 Fasan,*
100 g fetter Speck in dünnen Scheiben,
Salz,
Pfeffer,
3 Wacholderbeeren,
ein wenig Sherry oder Rotwein.

Der Fasan soll jung sein — also einen weichen Brustknochen haben — und er darf auch nicht längere Zeit gerupft herumgelegen haben. Das kann man an der Haut erkennen, die dann trocken und leicht verknittert aussieht. Wenn Sie ihn schon in Speck gewickelt kaufen oder selbst in Speck wickeln: immer ein Stückchen Speck probieren. Ich habe einmal Lehrgeld gezahlt und mir einen feinen Fasan mit leicht ranzelndem Speck verdorben.
Den Vogel selbst, der wie alles Wild möglichst vor der Zubereitung nicht gewaschen werden soll, reiben wir innen mit Küchenkrepp oder einem saugfähigen Tuch gründlich aus. Mit dem Finger probieren, ob keine Bitterstoffe (zerschossene Galle) vorhanden sind. Ich wische immer mit Rotwein oder Sherry nach, salze und pfeffere, zerdrücke die Wacholderbeeren, benutze sie zum Einreiben und lege den mit Speck umwickelten

Vogel in den gut gewässerten RÖMERTOPF. Mit geschlossenem Deckel in den Backofen geben, bei 200 Grad 60 bis 70 Minuten braten. Geschmacklich gesehen : fasaniger geht es nicht !

Sollten Sie einmal Wachteln auftreiben, sie werden wegen der Eier in größeren Mengen gezüchtet, dann gibt es nur eine Methode, sie vorzüglich zuzubereiten: im RÖMERTOPF.

Wachteln im RÖMERTOPF

- *Pro Person 2 Wachteln,*
  Pfeffer (weißer),
  Salz,
  hauchdünne quergeschnittene Speckscheiben oder Weinblätter aus der Dose,
  1 Glas Cognac oder Weinbrand.

Die ausgenommenen kleinen Vögel (sie sollen 7 Wochen alt sein) innen und außen leicht pfeffern und salzen. In Speckscheiben wickeln oder aber in die abgetropften Weinblätter, die es in Supermärkten gibt (dank der Fremdarbeiter). Mit Rouladenklammern festhalten und in den gut gewässerten RÖMERTOPF packen. Sie bekommen 6 bis 8 Stück in einen Topf. Zudeckeln, in den Backofen, auf 220 Grad heizen und gute 15 Minuten braten. Bei Tisch mit Cognac übergießen und anzünden.

Die Beilagen (sowohl zu Fasan wie Wachteln): Kartoffelkroketten, Sauerkraut, das 5 Minuten vor dem Servieren mit einem Glas Orangensaft aufgegossen wird, Rosenkohl, den wir zusammen mit Eßkastanien in Speck gedämpft haben. Ihn übergießen wir mit dem Fasanen-Bratsaft. Wer schlank bleiben will, wickelt den Speck ab und ißt ihn nicht mit (schade!).

Wer absolut nicht auf Soße verzichten will, der kann sich dazu mit dem Bratsaft diese Hagebuttensoße machen.

Hagebuttensoße

- *$\frac{1}{8}$ l Fasanenbratsaft,*
  $\frac{1}{8}$ l Rahm,
  100 g Hagebuttenmark,
  2 Eßlöffel Rotwein,
  etwas scharfer Senf.

Den Fasanenbratsaft aus dem RÖMERTOPF gießen, eventuell mit etwas heißer Brühe lösen und im Soßentopf heiß mit dem Rahm verquirlen. Nicht zum Kochen kommen lassen, trotzdem soll die Mischung so heiß wie möglich sein. Hagebuttenmark dazurühren, nachdem wir es mit dem Rotwein etwas verflüssigt haben. Mit Senf abschmecken.

Die klassische Wildsoße ist die Rahmsoße. Man macht sie am einfachsten, indem man den Bratfond vom Wildbraten abgießt (wie im RÖMERTOPF-Kochbuch auf Seite 46 und 48 beschrieben) und mit Rahm mischt. Ich bin kein allzugroßer Freund von Wild-Marinaden. Wir brauchen das auch heute kaum mehr und tiefgekühltes Wild darf man garnicht marinieren, weil es in der Marinade zuviel Saft verliert. Wir gießen also das Wild im RÖMERTOPF nicht mit Marinade, sondern mit reichlich Brühe auf, die auch mit Rotwein gemischt sein darf. Die Soße machen wir dann so.

Rahmsoße zu Wild

- *$\frac{1}{8}$ l Bratenfond vom Wildbraten, in dem 2 Möhren, 1 Zwiebel, $\frac{1}{2}$ Lorbeerblatt und 1 Stück Petersilienwurzel mitgeschmort wurden,*
  1 Würfel Bratensoße,
  $\frac{1}{4}$ l heißes Wasser,
  5 Pfefferkörner,
  Prise Zucker,
  Worchester-Soße,
  $\frac{1}{8}$ l Sauerrahm,
  1 Eßlöffel Johannisbeergelee,
  Salz,
  eventuell 1 Messerspitze Fleischextrakt.

Wildbratenfond durch ein Sieb rühren. Bratensoßenwürfel in heißem Wasser auflösen. Zusammen in den Soßentopf geben, zum Kochen bringen. Die zerdrückten Pfefferkörner (Mörser oder Teigroller) dazugeben, mit Zucker und Worchester-Soße würzen. 10 Minuten kochen. Rahm, Johannisbeergelee unterrühren, mit Salz und Fleischextrakt abschmecken.

● **Varianten:**

1. Mit 2 Teelöffeln Senf, dem Saft einer Orange und 3 Tropfen Tabasco würzen.
2. Statt Sauerrahm ⅛ l steifgeschlagenen Rahm und ein hartgekochtes gehacktes Eiweiß unterrühren.
3. 100 g geschmorte Champignons, die kräftig mit Knoblauch gewürzt wurden, zum Schluß unterrühren.
4. Anstelle von Johannisbeergelee zwei bis drei Eßlöffel Preiselbeeren unterrühren.

Eine weitere Abwandlung ist die

Aprikosensoße

● *¼ l Rahmsoße,*
250 g säuerliche gedörrte Aprikosen (die beste Fruchtsäure haben die australischen),
⅛ l Weißwein.

Die Rahmsoße heißmachen. Die Aprikosen über Nacht im Weißwein weichen, dann in diesem Wein zu Mus kochen. Mit einer Gabel gut pürieren und heiß zur Rahmsoße geben. Zusammen noch einmal aufkochen lassen. Versuchen Sie das einmal zu Wildschwein (Rezept RÖMERTOPF-Kochbuch Seite 47/48).

Zu Rehrücken, Rehkeule oder Rehschnitzel (aber auch zu einer Lamm- oder Hammelkeule) schmeckt diese

Jagdsoße

● *1 Schächtelchen Jägersoße,*
1 Eßlöffel Weinessig,
5 Eßlöffel Rotwein,
¼ l Wasser (knapp bemessen),
2 Eßlöffel Johannisbeergelee,
2 Eßlöffel Joghurt,
2 Eßlöffel Sauerrahm (Schmant).

Im Soßentopf die Fertigsoße mit Essig, Rotwein und lauwarmem Wasser unter Umrühren auflösen und zum Kochen bringen. 2 Minuten köcheln lassen. Dann Johannisbeergelee zufügen und wenn es sich gelöst hat, die Soße mit Joghurt und Sauerrahm glattrühren. Schmeckt ganz besonders gut zu Nudeln und Spätzle.

Die klassische Wildsoße ist die Cumberland-Sauce. Man kann sie fertig kaufen und zwar in guten Qualitäten. Man kann sie auch selbst machen und sie hält sich im Kühlschrank zugedeckt gut 14 Tage. Die meisten Rezepte empfehlen dazu englisches Senfpulver. Ich finde aber, das gibt der Soße einen bitteren Geschmack. Hier eine Variante von Seite 44.

Cumberland-Soße, Nummer zwei

- *200 g rotes Johannisbeergelee,*
- *1 Teelöffel heller scharfer Senf,*
- *etwa 5 bis 6 Eßlöffel trockener Portwein (weißer Port),*
- *1 Eßlöffel Orangensaft,*
- *2 Teelöffel geriebene Orangenschale,*
- *½ Teelöffel Ingwerpulver,*
- *Salz,*
- *3 Tropfen Tabasco.*

Das Gelee mit Senf, Portwein und Orangensaft verrühren. Es soll eine gleichmäßige Soße entstehen, die aber nicht zu dünn sein darf. Dann die Orangenschale dazugeben (am besten kaufen Sie geriebene Orangenschale von einer der großen Gewürzfirmen. Sie haben dann die Garantie, daß die Orangen auch nicht gespritzt sind). Mit Ingwer, Salz und Tabasco abschmecken. Die Soße soll eben noch fließen und eine pikante Mischung aus süß, fruchtig und scharf-herb sein.

Ausgezeichnet zu Wild aller Art ist diese

Sauerkirschsoße zu Wild

● *500 g entkernte Sauerkirschen, außer der Saison aus der Dose,*
1 Eßlöffel Butter,
1 Prise Zucker,
4 Eßlöffel trockener Weißwein.

Die Kirschen (aus der Dose natürlich abgetropft) in der Butter anbraten, den Zucker dazugeben und den Weißwein. 3 Minuten köcheln lassen und schon kann serviert werden.
Eine Garantie dafür, daß der Weißwein schön trocken ist, gibt Ihnen übrigens das gelbe Diabetiker-Weinsiegel.
Kirschensoße schmeckt mir ganz besonders zu Wildschwein.

Eine ganz schnelle Wildbeigabe ist der

Preiselbeer-Rahm

● *¼ l Rahm,*
5 Eßlöffel eingemachte Preiselbeeren,
Salz, Pfeffer,
etwas Currypulver.

Den Rahm steif schlagen. Die mit den Gewürzen vermischten Preiselbeeren unter den Rahm heben. Sofort servieren.

● **Variante:** Statt Preiselbeeren, bittere englische Orangenkonfitüre unter den Rahm ziehen. Ist ebenfalls eine gute Wildschweinbeilage oder schmeckt zu Elchbraten (im RÖMERTOPF wie Hirsch zubereiten), den wir jetzt mehr und mehr im Handel kaufen können.

Das Lamm und seine Soßen

Auch Lamm und Hammel werden bei uns wenig gegessen. Leider, muß ich sagen, denn das Vorurteil gegen dieses Fleisch besteht in keiner Weise zu Recht. Es ist ein aromatisches, eiweißreiches und kalorienarmes Fleisch, bei dem man zusätzlich das Fett, weil es auf der Oberfläche sitzt, leicht ablösen oder auf dem Teller beiseite legen kann. Es läßt sich im RÖMERTOPF gut zubereiten, weil es sich sozusagen selber fettet und verlangt als Gewürz immer Knoblauch.

Einen Teil der Wildsoßen können Sie auch für Lamm und Hammel benutzen, gut passen alle Curry-Soßen oder aber diese

Karottensoße aus England

● *250 g Karotten,*
Salz,
wenig Wasser,
2 Teelöffel Honig,
2 Eßlöffel Butter oder Margarine,
einige Tropfen Tabasco,
½ Teelöffel getrocknete Minzblätter.

Die geputzten und geschnittenen Karotten in wenig Wasser, das wir leicht gesalzen und mit Honig gewürzt haben, weich kochen. Durch ein Sieb drücken, mit der Butter verrühren. Mit Tabasco und der zerriebenen Gartenminze würzen. Unter Rühren nochmal zum Kochen bringen. Die Soße soll dickflüssig bis breiartig sein.

● **Variante:** Statt der Minze ½ Teelöffel Currypulver unterrühren.

Aus dem Mittelmeerraum stammt die nächste Soße. Ich finde sie gut zu einer geschmorten Hammelkeule (Rezept RÖMERTOPF-Kochbuch Seite 42: statt Bier aber ¼ l klare Fleischsuppe nehmen).

Olivensoße

● *24 entkernte grüne Oliven,*
12 geschälte süße Mandeln,
1 rote Paprikaschote,
2 bis 3 Eßlöffel Olivenöl,

1 Eßlöffel Maisspeisestärke,
6 Eßlöffel trockener Weißwein,
1/8 l heiße Milch,
1/8 l Flüssigkeit von der Hammelkeule aus dem RÖMERTOPF,
1 Eigelb,
Rahm,
Zitronensaft,
Sherry,
Pfeffer,
Salz,
etwas getrocknetes Basilikum.

Die Oliven mit den Mandeln und der zerschnittenen, entkernten Paprikaschote ganz fein hacken oder im Mixer in wenigen Sekunden pürieren. Mit Olivenöl im Soßentopf aufs Feuer geben, durchschmoren. Dann den gestrichenen Eßlöffel Speisestärke dazu (mit dem Wein anrühren), mit der heißen Milch und der Schmorflüssigkeit aus dem RÖMERTOPF aufgießen und eben zum Kochen bringen. Vom Feuer nehmen, Eidotter mit etwas Rahm verquirlen, dazurühren und mit Zitronensaft, trockenem Sherry, Salz, Pfeffer (oder einigen Tropfen Tabasco) und ein wenig zerriebenem Basilikum abschmecken. Heiß zur Hammelkeule plus Reis servieren. Schmeckt übrigens auch gut zu gedämpftem oder gekochtem Huhn.

P.S. Den Sherry, sollte er nicht im Hause sein, darf man weglassen!

Hammelkoteletts mit Orangensoße

● *8 Hammel- oder Lammkoteletts,*
5 Eßlöffel Orangensaft,
Salz,
Pfeffer,
1/2 Teelöffel getrocknete Minze,
1 Tasse Orangensaft,
3 Eßlöffel Zucker,
1 1/2 Teelöffel Speisestärke,
1 Prise Salz,
1/4 Teelöffel gemahlener Zimt,
4 Nelken,
1 1/2 Teelöffel abgeriebene Orangenschale,
8 abgezogene Orangenschnitze.

Überschüssiges Fett von den Koteletts abschneiden, kammförmig einkerben, damit sie sich beim Braten nicht biegen. Mit dem

Fett eine Pfanne ausreiben und die Koteletts von beiden Seiten je eine Minute scharf darin anbraten. RÖMERTOPF wässern, die Koteletts hineingeben. Orangensaft mit Salz, Pfeffer und Minze verrühren, über die Koteletts gießen. Deckel darauf, in den Backofen stellen, auf 220 Grad heizen und 40 Minuten tossieren lassen. Im Soßentopf den weiteren Orangensaft mit den Gewürzen aufkochen und mit der Speisestärke dicken. Etwa 3 Minuten blubbern lassen. Die Nelken herausfischen.
Die Koteletts mit den Orangenschnitzen garnieren, mit der exotischen Soße übergießen und zu einem Risotto oder aber zu Kartoffelpüree servieren.

Der Hackbraten und seine Soßen

Sowohl Hackbraten wie Kohlrouladen lassen sich gut im RÖMERTOPF zubereiten. (RÖMERTOPF-Kochbuch-Rezepte auf Seite 69/70). Sie brauchen aber, wenn Sie Soßen separat kochen, nicht mehr mit Wasser angießen und die Flüssigkeit mit Mehl binden. Es tut sowohl dem Hackbraten wie den Kohlrouladen gut, wenn sie eine Soße bekommen, die einen geschmacklichen Kontrast setzt. Wie zum Beispiel

Paprikasoße kalorienarm

- *30 g Pflanzenfett,*
  1 Zwiebel,
  4 Eßlöffel milden ungarischen Edelsüß-paprika,
  ½ l Wasser (oder Hackbratenbrühe oder Rotwein oder alles miteinander vermischt),
  etwas Salz,
  4 Eßlöffel Sauerrahm.

Das Fett im Soßentopf erhitzen, die Zwiebel — sie soll klein sein — reiben und dazugeben. Wenn das Fett brutzelt und die Zwiebel sich zu verfärben beginnt, mit einem Schuß Wasser ablöschen, denn Paprika darf man nie in heißes Fett geben, da sonst das Gewürzpulver karamelisiert oder verbrennt. Das Paprikapulver in das flüssige Fett rühren bis sich eine breiige Masse gebildet hat. Paprika löst sich in Fett, entwickelt seine schönste Farbe und kann jetzt mitgekocht werden. Nach kurzem Aufkochen Flüssigkeit angießen, unter Rühren so lange kochen, bis die Soße dicklich wird. Noch kurze Zeit ziehen lassen, mit Salz und Rahm abschmecken.

In Ungarn wird der milde Paprika wie Mehl verwendet. Er hat viel weniger Kalorien und enthält reichlich Vitamin A.
Sie können die Soße noch mit einer Messerspitze scharfem Rosenpaprika etwas herzhafter machen.
Diese Soße schmeckt ausgezeichnet zu dem folgenden Rezept, mit dem ich im Fernsehen großen Erfolg hatte.

Römerkohl

- *1 Wirsing von 1,5 kg,*
- *600 g durchgedrehter Hammelgrat oder Rinderhals,*
- *1 Ei,*
- *1 Semmel,*
- *Salz,*
- *Majoran,*
- *Pfeffer,*
- *500 g Tomaten,*
- *100 g durchwachsener Speck,*
- *3/4 Tasse klare Fleischsuppe.*

Aus dem Wirsing mit spitzem Messer den Strunk herausschneiden. Dann den Kohl zerblättern und für 10 Minuten in kochendem Wasser blanchieren. Einen Teil der Blätter kleinschneiden.
Den RÖMERTOPF wässern und mit ganzen Wirsingblättern auslegen. Darauf ein Bett aus zerschnittenen Wirsingblättern machen. Das Fleisch mit dem Ei, der geweichten und ausgepreßten Semmel verkneten, mit Salz, Majoran und Pfeffer würzen, einen Hackbraten daraus formen. Auf das Wirsingbett legen.
Auf den Hackbraten die in Scheiben geschnittenen Tomaten geben, weiteren gehackten Wirsing, und den kleingewürfelten, kroß gebratenen Speck darüber streuen. Mit ganzen Wirsingblättern gut abdecken. Mit Brühe angießen, den RÖMERTOPF zumachen. In den Backofen, auf 200 Grad heizen und 2

Stunden braten lassen. Beim Servieren die oberen Blätter, die dunkel geworden sind, abnehmen.
Zu den Salzkartoffeln die Paprikasoße servieren oder aber diese

Römische Soße

● *50 g Zucker,*
4 Eßlöffel Weinessig,
50 g kernlose Rosinen,
50 g Pistazienkerne,
¼ l Wasser, gut bemessen,
2 Schächtelchen Delikateß-Bratensoße,
¼ l Rahm.

Den Zucker im Soßentopf eben karamelisieren lassen, mit Essig ablöschen und aufkochen. Dann Rosinen und Pistazienkerne (geschält und grob gehackt) dazugeben, umrühren. Kaltes Wasser dazugießen, die Fertigsoßen mit dem Schneebesen unterrühren. Nach Gebrauchsanweisung köcheln lassen. Vom Feuer nehmen, Rahm dazurühren, servieren.

Champignonsoße Nummer drei

● *1 Eßlöffel Butter oder Margarine,*
150 g frische Champignons,
1 Eßlöffel Zitronensaft,
etwas Streuwürze,
1 Schächtelchen Jägersoße,
knapper ¼ l Wasser,
2 bis 3 Eßlöffel Rahm.

Fett im Soßentopf zerlaufen lassen. Die feingeschnittenen Champignons dazugeben. mit Zitronensaft beträufeln und mit der Würze bestreuen. Etwa 5 Minuten dämpfen. Fertigsoße mit Wasser glattrühren, mit den Pilzen vermengen und 4 Minuten kochen lassen. Dann den Rahm dazu.

Machen Sie Hackfleischklöße, Buletten, Hamburgers oder Hackfleischrollen — alles das geht im gewässerten RÖMERTOPF mit einigen Margarineflocken bei geschlossenem Deckel 20 Minuten, mit offenem Deckel 30 Minuten nachbraten — dann können Sie dazu die beiden folgenden Soßen servieren.

Quark-Gurkensoße

- *1 Salatgurke,*
- *20 g Butter oder Margarine,*
- *10 g Mehl,*
- *4 Eßlöffel Rahm,*
- *150 g Magerquark,*
- *Zucker,*
- *Salz,*
- *gehackter Dill.*

Die Gurke schälen, die Kerne herauslösen, in Würfel schneiden. In der erhitzten Margarine anschmoren und im eigenen Saft fast weich werden lassen. Das Mehl mit dem Rahm glattrühren, mit dem Quark vermengen und diese Mischung zu der garen Gurke geben. Jetzt heiß werden lassen, mit den Gewürzen abschmecken und mit Dill bestreut zu den Frikadellen servieren.

● **Variante:** Wenn Sie auf die gleiche Menge 2 Gurken nehmen, dann können Sie die Soße als Gemüse verwenden.

Etwas für Leute, die es ganz scharf mögen, ist die

Brasilianische Zitronensoße

- *4 eingelegte grüne scharfe Pfefferschoten,*
- *Salz,*
- *2 feinstgehackte Zwiebeln,*
- *1 feingehackte Knoblauchzehe,*
- *Saft von 2 großen Zitronen oder Limetten,*
- *2 Orangen.*

Die kleinen Schoten aus dem Glas nehmen, abtropfen, aufschlitzen, die Kerne herauskratzen, dann die Schoten fein hacken. Hände waschen, damit Sie sich nicht aus Versehen mit den Händen ins Gesicht oder in die Augen fahren, das kann weh tun. Schotenfleisch mit Salz vermischen (einem halben Teelöffel etwa). Zwiebel und zerdrückten Knoblauch dazugeben. Mit dem Zitronensaft gründlich verrühren. In ein Schüsselchen geben, mit Plastikfolie luftdicht zudecken und für einige Stunden in den Kühlschrank stellen. Zusammen mit in Scheiben geschnittenen Orangen zu den Buletten servieren. Oder aber auch zu Pökelzunge, zu Cornedbeef oder zu Kasseler.

Die Aufläufe und ihre Soßen

Soßenfans wollen zu allem Soßen essen, auch zu Aufläufen, obwohl gerade diese im RÖMERTOPF sehr saftig bleiben. Doch wir lieben nun mal als Beilagen Salzkartoffeln und die brauchen für deutsche Zungen eine Soße.
Wenn wir uns das Auflaufkapitel im RÖMERTOPF-Kochbuch anschauen, dann finden wir einige Nudeltöpfe. Zu ihnen reicht man keine Kartoffeln, kann aber Tomatensoßen gebrauchen. Hier einige zu Ihrer Auswahl.

Tomatensoße Nummer eins

- *1 kg italienische Tomaten aus der Dose,*
  1 Zwiebel,
  ein paar Sellerieblätter,
  1 Möhre,
  1 Eßlöffel Olivenöl,
  1 Eßlöffel gehackte Petersilie,
  ½ Teelöffel getrocknetes Basillkum,
  etwas Thymian,
  1 Lorbeerblatt,
  1 Teelöffel Zucker,
  Salz,
  Pfeffer.

Die Tomaten in ein Sieb gießen, die Flüssigkeit auffangen. Die gehackte Zwiebel, die zerschnittenen Sellerieblätter, die geraffelte Möhre in Öl anbraten. Die Kräuter dazugeben, die getrockneten zwischen den Fingern zerreiben. Dann die grobzerschnittenen Tomaten dazu, mit Lorbeerblatt und Zucker ¾ Stunde dämpfen. Durch ein Sieb streichen, nochmals erwärmen und eventuell mit der Tomatenflüssigkeit etwas verdünnen. Mit Salz und Pfeffer abschmecken.
Man kann die Tomatenflüssigkeit auch zum Angießen des Auflaufs im RÖMERTOPF benutzen.

Tomatensoße Nummer zwei

- *1 kg italienische Tomaten aus der Dose,*
  1 Knoblauchzehe,
  ½ Teelöffel Tabasco,
  ½ Teelöffel getrockneter Oregano,
  Salz.

Die abgegossenen Tomaten mit der zerquetschten Knoblauchzehe im Mixer pürieren. Tabasco, zerriebenen Oregano und Salz dazugeben. Entweder kalt oder erwärmt servieren. Das ist die Urform der Tomatensoße mit ganz reinem Geschmack. Deshalb kommt es hier besonders stark auf den Geschmack der Tomaten an. Sie sollen säuerlich sein. Nehmen Sie frische, dann schneiden Sie sie kreuzförmig ein und übergießen sie mit kochendem Wasser, damit Sie die Haut abziehen können.

Tomatensoße Nummer drei

- *1 kg reife Tomaten,*
  1 bis 2 Teelöffel Zucker,
  Pfeffer,
  Salz,
  2 bis 3 Basilikumblätter, fein gehackt,
  1 Eßlöffel Olivenöl.

Mit einem spitzen Messer den harten Keil am Stielansatz herausstechen, die Tomaten grob zerschneiden und auf kleiner Flamme ohne Wasser im Soßentopf langsam gar dünsten. Sind sie weich, drücken wir sie durch ein Sieb, würzen mit Zucker, 2 bis 3 Drehungen der Pfeffermühle und Salz. Wir mischen das Basilikum darunter und das Öl. Sofort servieren.
Diese Tomatensoßen schmecken auch zum Quarkauflauf (RÖMERTOPF-Kochbuch Seite 113), zu den Leberwurstpfannkuchen (Seite 112) und den überbackenen Spinat-Eierkuchen (Seite 114).

Zur Erzgebirgischen Schusterpastete (Seite 113) oder zum Risotto (Seite 108) versuchen Sie doch einmal diese Soßen.

Zigeuner-Soße

- *$^1/_4$ Delikateß-Bratensoße nach Anweisung zubereitet,*
  1 Tomate,
  50 g gewürfelte Zunge,
  50 g gewürfelter roher Schinken,
  1 Eßlöffel Öl,
  100 g frische Champignons.

Die Fertigsoße im Soßentopf zubereiten. Die Tomate schälen, klein schneiden und durch ein Sieb in die Bratensoße drücken. Unterrühren, leise kochen lassen. Die kleingewürfelte Zunge mit dem Schinken und den in dünne Scheibe geschnittenen Champignons im Öl etwa 8 Minuten braten. Dann unter die Soße ziehen. Es kann serviert werden.

Kreolische Soße Nummer zwei

- *$^1/_4$ l Delikateß Bratensoße nach Anweisung zubereitet,*
  1 Zwiebel,
  2 Knoblauchzehen,
  1 Eßlöffel Öl,
  je $^1/_2$ grüne und rote, sauer eingelegte Paprikaschote,
  $^1/_2$ Teelöffel Tabasco.

Die Fertigsoße im Soßentopf zubereiten. Die feingeschnittene Zwiebel und die gehackten Knoblauchzehen im Öl etwa 12 Minuten dämpfen. Dann durch ein Sieb in die Soße passieren. Unterrühren. Die eingelegten Paprikas gut abtropfen und in feine Streifen schneiden. Ebenfalls in die Soße geben, mit Tabasco schärfen, servieren.
Diese beiden Soßen eignen sich außerdem zu allen Reisgerichten und zu Nudeln jeder Art.

Die Fische und ihre Soßen

Der RÖMERTOPF hat ein wesentliches Fischproblem gelöst: den Geruch. Er absorbiert ihn fast vollständig. Benutzen Sie aber

einen RÖMER-FISCH-TOPF, der flacher und länger als die gewohnte Form ist und in den deshalb die Fische besser hineinpassen. Außerdem enthält er so hochgezogene Bodenleisten, daß der Fisch auf und nicht in seinem Sud liegt. Ein RÖMER-FISCH-TOPF ist auch wegen der Geschmacksübertragung auf andere Gerichte ratsam.
Wie man Fisch im RÖMERTOPF dünstet, lesen Sie im RÖMERTOPF-Kochbuch auf Seite 89. Sie können ihn aber auch braten. Dann keinen Sud dazugeben, den RÖMERTOPF nur gut wässern und den Fisch mit Butterflöckchen besetzen, nachdem Sie ihn vorher rundum gut eingeölt haben.
Und nun zu den Soßen.

Weißweinsoße mit Krabben

- *2 Schächtelchen Helle Soße,*
- *1/4 l Weißwein,*
- *1/4 l Wasser, nach Anweisung zubereitet,*
- *1 Zwiebel,*
- *1 Eßlöffel Butter oder Margarine,*
- *100 g Krabben, tiefgekühlt oder aus der Dose,*
- *1/2 Teelöffel gefriergetrockneter Dill.*

Die Soße im Soßentopf zubereiten. Die Zwiebel fein schneiden und zusammen mit den Krabben in Fett dämpfen, bis die Zwiebel glasig und fast weich geworden ist. In die Helle Soße rühren und mit Dill bestreuen.

Senf-Eiersoße Nummer eins

- *3 hartgekochte Eier,*
- *4 Eßlöffel Senf, davon 1 Eßlöffel scharfer (Düsseldorfer Typ),*
- *4 Eßlöffel dicke, saure Sahne (Schmant),*
- *2 Äpfel (Boskop oder Jonathan),*
- *1 Eßlöffel Zitronensaft,*
- *Prise Zucker,*
- *Salz.*

Die Eier schälen und fein hacken. Mit dem Senf und dem

Sauerrahm vermischen. Die Äpfel schälen und reiben. Mit Zitronensaft beträufeln und gleich unter die Soße rühren, die wir mit Zucker und Salz abschmecken und sofort zu gekochtem (gedünstetem) Fisch servieren.

Senf-Eiersoße Nummer zwei

● *2 Eßlöffel Instant Helle Soße,*
1/8 l Hühnerbrühe oder Fischsud,
1/10 l Milch,
2 Eßlöffel Senf,
2 Eßlöffel Wein,
2 hartgekochte Eier,
1 Cornichon ganz klein gewürfelt.

Die Helle Soße im Soßentopf mit Fischsud, Milch und Wein nach Anweisung zubereiten, dann den Senf darunter rühren. Die Eier grob würfeln, die Cornichon ganz fein. Unterheben und sehr heiß zu gedünstetem Fisch servieren.

Zu gebratenem Fisch eine schon fast klassische Soße aus Amerika, die es auch fertig zu kaufen gibt. Hier ist die Hausmacher-Version der Thousend-Island-Sauce:

Tausend-Insel-Soße

● *1 hartgekochtes Ei,*
1 kleine Zwiebel,
2 Eßlöffel gehackte Petersilie,
12 gefüllte Oliven,
2 Eßlöffel Chili-Sauce (oder Tomaten-Ketchup),
125 g Mayonnaise,
3 Eßlöffel steifgeschlagener Rahm,
evtl. 2 Tropfen Tabasco.

Das Ei sehr fein hacken, die Zwiebel klein würfeln. Ei, Zwiebel, Petersilie und die ebenfalls kleingewürfelten Oliven miteinander verrühren. Dann Chili-Sauce und Mayonnaise dazugeben. Den Rahm mit dem Tabasco schlagen und unmittelbar vor dem Servieren unter die Soße heben.

Bleibt Ihnen Fisch über, dann zerpflücken Sie ihn und mischen ihn kalt unter die nächste Soße.

Quark-Remoulade

- *4 Eigelb,*
  1/10 l Öl,
  Salz,
  Pfeffer,
  Edelsüßpaprika,
  Zitronensaft,
  1 Prise Zucker,
  1 Esslöffel Senf,
  2 kleingeschnittene, Matjesfilets oder 5 Sardellefilets,
  4 Eßlöffel kleingehackte Kräuter (auf jeden Fall Petersilie, Dill und Kerbel),
  2 kleingeschnittene Essiggurken,
  250 g Quark.

Aus allen Zutaten wie gelernt eine Mayonnaise rühren, unter die wir den Hering (Sardellen) und die Kräuter ziehen und dann unter den Quark mischen.
Kann auch zu gedünstetem Fisch oder aber zu Kartoffeln (RÖMERTOPF-Kochbuch Seite 74) serviert werden.

Petersiliensoße Nummer drei

- *1 Eßlöffel Butter oder Margarine,*
  1 Eßlöffel Mehl,
  1/4 l klare Fleischsuppe oder Fischsud,
  Pfeffer,
  3 bis 4 Eßlöffel feingehackte Petersilie,
  3 Eßlöffel Rahm.

Die Butter oder Margarine im Soßentopf zerlaufen lassen, das Mehl dazurühren, anschwitzen. Weiterrühren und mit lauwarmem Sud oder Brühe aufgießenpfeffern. Zur weißen Soße kochen, etwa 5 Minuten lang. Dann vom Feuer nehmen, Petersilie und Rahm einrühren und sofort servieren. Denn durch Stehenlassen wird diese Soße keinesfalls schöner. Zu gedünstetem Fisch mit Salzkartoffeln.

● **Variante:** Gießt man die Soße mit Hühnerbrühe auf und würzt mit etwas Knoblauchpulver und geriebener Zitronenschale haben wir eine exellente Soße zu gedünstetem Huhn.
Zu Räucherlachs oder anderem Räucherfisch, aber auch zu kalten Fischfilets oder zum Sardellenhecht (RÖMERTOPF-Kochbuch Seite 94), den wir nur mit Sardellenbutter eingestrichen und über wenig Wein gedünstet haben (die Sahne also weglassen), ist diese kalt gerührte Soße gut.

Schwedische Fischsoße

● *3 Teile Olivenöl,*
1 Teil Weinessig,
1 Teil Senf,
1 Teil Zucker.
Pfeffer,
viel gehackter Dill.

Alles wird vorsichtig miteinander vermischt. Sollte die Soße nicht glatt werden, hilft ein Eßlöffel eiskaltes Wasser. Der Senf kann süß oder auch scharf sein, der Dill muß frisch sein. Man kann zum Binden auch einen Eidotter nehmen.

Aus der Provence stammt dieses Rezept, das sich gut im RÖMERTOPF zubereiten läßt.

Das große Aioli

● *1 kg Kabeljau,*
½ l halb Milch halb Wasser,
Zitronensaft,
⅛ l Wasser,
1 Zwiebel in Ringe geschnitten,
1 Bund Suppengrün kleingeschnitten,
½ Lorbeerblatt,
5 Pfefferkörner,
Salz.
250 g grüne Bohnen, tiefgekühlt oder aus der Dose,
250 g Pariser Karotten aus der Dose,
250 g Tiefkühlerbsen,
etwas Butter oder Margarine,
250 g Kartoffeln,
Kerbel,
Estragon oder Petersilie,
4 Knoblauchzehen,
Salz,
1 Eigelb,
200 g Olivenöl,
Zitronensaft.

Den Fisch für 15 Minuten in Milchwasser legen, abtrocknen und mit Zitronensaft einreiben, salzen. In den gewässerten RÖMERTOPF das Wasser und die Sudzutaten geben (inklusive Salz), verschließen, bei 200 Grad 20 Minuten kochen lassen. Dann den Fisch in den RÖMERTOPF legen, wieder verschließen und weitere 35 Minuten im Backofen tossieren.
Währenddessen die Gemüse einzeln in etwas Fett erhitzen und gardünsten, vorsichtig mit wenig Salz und Pfeffer würzen. Die Kartoffeln in der Schale kochen, pellen. Den Fisch auf eine Schüssel legen, die Gemüse und die Kartoffeln darum arrangieren, mit gehackten Kräutern bestreuen.
Die Knoblauchzehen in Salz zerreiben. Eine Mayonnaise rühren, unter die man den Knoblauch gibt. Diese Soße wird gesondert serviert. Man kann sie auch zu gegrilltem Fisch oder zu Steaks reichen.

Griechische Zitronensoße (Variante von Seite 74)

- *3 Eigelb,*
  3 Eßlöffel Zitronensaft,
  3 Eßlöffel heißer Fischsud.

Eigelb schaumig schlagen, nach und nach Zitronensaft dazugeben. Mit dem heißen Sud weiterschlagen. Kleines Feuer, Schneebesen. Die Soße soll dicklich werden. Zu gedünstetem Fisch.

Das Gemüse und seine Soßen

Zu Gemüsen, die man im RÖMERTOPF besonders vitaminschonend zubereiten kann (siehe RÖMERTOPF-Kochbuch Seite 78) passen zunächst einmal die weißen und hellen Soßen, die wir zu Beginn unseres Buches behandelten. Hier noch einige Spezialrezepte.

Kapern-Olivensoße

- *100 g schwarze Oliven ohne Stein gewogen,*
- *50 g Sardellenfilets,*
- *50 g Thunfisch aus der Dose,*
- *100 g Kapern,*
- *½ Eßlöffel scharfer Senf,*
- *½ Eßlöffel süßer Senf,*
- *5 Eßlöffel Olivenöl,*
- *½ Glas Cognac,*
- *frischgemahlener schwarzer Pfeffer,*
- *Thymian,*
- *Oregano.*

Die Zutaten klein hacken, zerdrücken und durch ein Sieb streichen (oder aber im Mixer pürieren). Öl und Cognac unterrühren, würzen. Die Paste in ein Glas füllen, mit Folie verschließen. Kann im Kühlschrank einige Tage aufgehoben werden.
Schmeckt löffelweise gut zu Blumenkohl oder gedämpftem Chicoree. Aber auch an Salat, zu kaltem Fleisch, zu harten Eiern, aufs Brot oder zu Artischocken.

Zu Spargeln oder Schwarzwurzeln oder Lauch schmeckt diese

Grüne Soße

- *3 Eßlöffel Obstessig,*
- *1 Eßlöffel Gemüsekochflüssigkeit,*
- *6 Eßlöffel Olivenöl,*
- *1 Teelöffel scharfer Senf,*
- *3 Eßlöffel gehackte Petersilie und Spinat und Kresse,*
- *1 ganz fein gehackte Zwiebel,*
- *½ feingehackte Knoblauchzehe.*

Alle Zutaten sorgfältig und lange (etwa 5 Minuten) zusammenrühren. Zu dem Gemüse servieren, das man Stange für Stange oder stückchenweise in die Soße stippt.

Bozner Soße

- *3 hartgekochte Eier,*
  1 feingehackte milde Zwiebel,
  1 Eßlöffel kleingeschnittene Essiggurke,
  3 gehackte Sardellenfilets,
  1 Eßlöffel Kapern,
  3 Eßlöffel Olivenöl,
  2 Eßlöffel Weinessig,
  1 Teelöffel Kräutersenf,
  Schnittlauch,
  Petersilie,
  Thymian,
  Oregano,
  etwas Bohnenkraut,
  Pfeffer,
  3 Tropfen Tabasco oder 1 Messerspitze Cayennepfeffer,
  Salz,
  etwas Weißwein,
  1 Knoblauchzehe.

Alle Zutaten kleinhacken und mischen. Dann Öl, Essig und Senf sorgfältig zu einer Marinade verrühren. In die Marinade die feingewiegten Kräuter geben — etwa einen Eßlöffel voll, wenn sie frisch sind — Schnittlauch und Petersilie müssen frisch sein oder zumindest gefriergetrocknet, getrocknet entsprechend weniger. Dann die Zutaten dazu und gut abschmecken. Die Soßenschüssel, in der Sie die dickliche Soße servieren, wird vorher mit einer angeschnittenen Knoblauchzehe ausgerieben. Zu Spargeln, Artischocken oder Blumenkohl.

Zu Blumenkohl, zu Kartoffeln oder zu gedämpften Zwiebeln können Sie diese Soße servieren.

Nußsoße

- *4 Eßlöffel Öl,*
  1 Knoblauchzehe,
  1 Eßlöffel gehackte Petersilie,
  100 g frische Walnüsse,
  2 - 3 Eßlöffel Wasser.

In das heiße Öl den feingehackten Knoblauch geben und zusammen mit der Petersilie andünsten. Die geschälten und von möglichst viel brauner Haut befreiten Walnüsse hacken (probieren, ob sie nicht ranzig sind) und zerdrücken. Im Öl für 2 Minuten mitbraten, 2 bis 3 Eßlöffel kochendes Wasser aufgießen und heiß über das Gemüse geben. Versuchen Sie diese Soße mal zu Kartoffelbrei.

Das Dessert und seine Soßen

Natürlich gibt es auch den süßen RÖMERTOPF. Man sollte ihn wirklich nur für süße Aufläufe, für Bratäpfel, Puddings und andere Schmankerl aus der Mehlspeisenabteilung benutzen, damit sich nicht Vanille mit Knoblauch mischt.
Sie finden im RÖMERTOPF-Kochbuch eine Reihe von süßen Rezepten. Von mir bekommen Sie hier einige dazu passende Soßen.

Zu Brotaufläufen, Brotpuddings und Bratäpfeln schmeckt die

Englische Dessert-Soße

- *3 Eigelb,*
  3 Eßlöffel Zucker,
  1 Teelöffel Speisestärke,
  1 Prise Salz,
  ½ l Milch
  und 1 Stückchen Vanille.

Eigelb mit Zucker, Speisestärke und der Prise Salz schaumig rühren. Die Milch mit der Vanilleschote etwa 10 Minuten kochen. Etwas abkühlen lassen aber noch heiß nach und nach zu den Eigelb gießen. Die Soße bei schwacher Hitze mit dem Schneebesen schlagen, bis sie dick wird. Darf nicht zum Kochen kommen, da sonst sofort die Eier gerinnen. Sie wird warm serviert.

Himbeersoße

- *Saft 1 Orange,*
  3 Eßlöffel Puder- oder Instantzucker,
  1 Paket tiefgekühlte Himbeeren, angetaut,
  1 Gläschen Himbeergeist.

Im Soßentopf den Orangensaft heiß werden lassen, den Zucker dazugeben und auflösen. Dann die angetauten Himbeeren dazu, die wir mit der Gabel zerdrücken und verrühren. Ist alles durch und durch heiß, nehmen wir den Topf vom Feuer, rühren den Himbeergeist unter und servieren zu Griesauflauf, Griespudding oder über Vanille-Eis.

Sauerkirschsoße, süß

- *500 g entsteinte Sauerkirschen,*
  4 cl Weinbrand,
  4 Eßlöffel Rotwein.

Die Sauerkirschen im Soßentopf erhitzen und Saft ziehen lassen. Weinbrand und Rotwein dazugeben, auf kleinem Feuer etwa 5 Minuten köcheln. Wird zu allen süßen Desserts lauwarm serviert. Schmeckt besonders gut zu Vanille-Eis, zu gut gekühlten Fertigpuddings und -cremes der Vanillerichtung oder aber zu Quarkspeisen.

Ganz einfach ist das Prinzip, nach dem ich eine Karamelsoße mache. Es kann dabei nichts schiefgehen und Anfänger können es auch. Man muß keinen Zucker karamelisieren, sondern macht es umgekehrt. Schmeckt gut zu Bratäpfeln, zu Eis, zu Palatschinken, zu Griesauflauf.

Meine Karamelsoße

- *125 g Sahnetoffees oder Karamelbonbons,*
  4 bis 5 Eßlöffel Wasser,
  30 g gehackte Walnüsse,
  2 Eßlöffel Rum.

Die Sahnekaramellen in dem Wasser unter ständigem Rühren und Kochen auflösen. Das dauert etwa 5 bis 8 Minuten. Dann die Walnüsse in die Soße geben und den Rum. Heiß servieren.
Wenn man Walnüsse und Rum wegläßt, hat man eine einfache, aber gute sahnige Karamelsoße.

Schokoladensoße

- *200 g Bitter- oder Halbbitterschokolade,*
- *$^{2}/_{10}$ l Wasser,*
- *2 Teelöffel Vanillezucker,*
- *3 Eßlöffel süßer Rahm,*
- *1 nußgroßes Stück Butter.*

Die Schokolade kleingebrochen in Wasser geben und unter leisem Kochen und ständigen Rühren auflösen. Den Vanillezucker dazugeben. Hat er sich gelöst, nehmen wir die Soße vom Feuer, rühren Rahm und Butter unter und servieren zu geschmorten Birnen, zu gebratenen Äpfeln, zu gebackenen Bananen, zu Reisauflauf oder zu Reisflammeri oder kalt zu Vanillepudding.
Damit haben wir unsere Reise durch das Soßenparadies beendet. Es gibt noch viel mehr, aber ich glaube, Sie werden mit diesem Repertoire und unseren Fertigsoßen-Anhang ein Küchenleben lang auskommen.
Guten Appetit und gutes Gelingen!

DER GROSSE SOSSENFÜHRER
WELCHE SOSSE WOZU?

Aal in Aspik: Kalte Meerrettichsoße S. 41.

Artischocken: Holländische Soße S. 33, Zerlassene Butter S. 57, Braune Butter S. 57, Kapern-Olivensoße S. 130, Bozner Soße S. 131, Kräutersoße S. 24.

Artischockenböden: Choron-Soße S. 36.

Bananen, gebacken: Schokoladensoße S. 134.

Birkhuhn: Brotsoße S. 43.

Birnen, geschmort: Schokoladensoße S. 134.

Blumenkohl: Holländische Soße S. 33, Zerlassene Butter S. 57, Braune Butter S. 57, Kapern-Olivensoße S. 130, Bozner Soße S. 131, Nußsoße S. 131, Devonshire-Soße S. 24, Kapernsoße S. 24, Mornay-Soße S. 23.

Blutwurst mit Zwiebeln: Piccallili-Sauce S. 52.

Bratäpfel: Englische Dessert-Soße S. 132, Meine Karamelsoße S. 133, Schokoladensoße S. 134.

Braten, kalt: Russische Mayonnaise S. 38, Frankfurter Soße S. 39.

Bratensaft von Wild: Mangari S. 51, Mango-Chutney S. 51, Mango Sauce S. 51.

Eisbein, kalt : Sauce Vinaigrette S. 40.

Elchbraten : Preiselbeer-Rahm S. 115, Orangen-Rahm S. 115.

Ente, kalt : Piperade S. 82, Tapenade S. 83.

Entenbraten : Bigarade-Soße S. 79, Provenzalische Soße S. 31, Klare braune Soße S. 32, Apfelsoße S. 41, Exotic Relish S. 50, Mango Sauce S. 51, Paprikasoße, ungarisch S. 79, Grüne Pfeffersoße S. 80, Bordeaux-Soße für Enten S. 81, Stachelbeersoße auf englische Art S. 82.

Erbschen : Kräutersoße S. 24.

Fasan : Brotsoße S. 43, Hagebuttensoße S. 112.

Fenchel : Bordeaux-Soße S. 29.

Filet : Peppersteak-Sauce S. 52, Sardellenbutter S. 60, Holländische Soße S. 33, Meerrettichbutter S. 61.

Filetsteak : Albuféra-Soße S. 25.

Fisch aller Art : Tartaren-Soße S. 38, Kalte Meerrettichsoße S. 41.

Fische : Holländische Soße S. 33, Österreichische Apfelkren S. 42, Curry-Ketchup S. 50.

Fische, gebraten : Sauce vin blanc S. 25, Frankfurter Soße S. 39, Colbert-Soße S. 31, Exotic Relish S. 50, Fondue Relish S. 50, Mangari S. 51, Mango-Chutney S. 51, Mango Sauce S. 51, Tausend-Insel-Soße S. 126, Sardellensoße S. 26, Soja-Sauce S. 53.

Fische, gebraten Müllerin Art : Klare braune Soße S. 32, Zerlassene Butter S. 57, Braune Butter S. 57, Kräuterbutter S. 58.

Fleisch, süßsauer (chinesische Art) : Tomaten-Ketchup S. 54.

Fleischfondue : Exotic Relish S. 50, Fondue Relish S. 50, Erdnußsoße S. 95.

Fleischkäse : Zingara Soße S. 31.

Fleischklößchen : Brasilianische Zitronensoße S. 121, Duchesse-Soße S. 24, Champignon-Soße Nummer zwei S. 25.

Fleischspieße : Mexican Relish S. 52, Schaschlik-Sauce S. 53, Cumberland-Sauce S. 50.

Forelle : Colbert-Soße S. 31, Mandelbutter S. 62.

Frikadellen : Schaschlik-Sauce S. 53, Quark-Gurkensoße S. 121, Brasilianische Zitronensoße S. 121.

Frikassee : Devonshire-Soße S. 24, Duchesse-Soße S. 24.

Gänsebraten : Bigarade-Soße S. 30, Klare braune Soße S. 32, Apfelsoße, englisch S. 92, Gute Ganssoße S. 84, Pikante Ganssoße S. 84.

Geflügel, gebraten : Soja-Sauce S. 53.

Geflügel, gekocht : Sauce suprême S. 25.

Geflügel, kalt : Russischer Dressing S. 39.

Gemüse aller Art, gedämpft : Klare braune Soße S. 32.

Griesauflauf : Himbeersoße S. 133, Meine Karamelsoße S. 133.

Griespudding : Himbeersoße S. 133.

Gulasch : Rahmsoße S. 30, Paprikasoße S. 32, Puszta-Sauce S. 53, Knoblauchbutter S. 59.

Heilbutt : Kreolen-Soße S. 32, Mousseline-Soße S. 34, Butter nach Haushofmeisters Art S. 59.

Hirn : Worchester-Sauce S. 55.

Hirschmedaillons : Estragonbutter : S. 60.

Hühnerfrikassee : Worchester-Sauce S. 55.

Hühnerragout : Sardellenbutter S. 60.

Huhn, geschmort : Petersiliensoße Nummer drei S. 127, Champignon-Soße Nummer eins S. 24.

Huhn, gekocht : Estragonbutter S. 60, Olivensoße S. 116, Weißwein-Soße S. 24.

Hummer : Zerlassene Butter S. 57, Braune Butter S. 57, Normannische Soße S. 26.

Kalbsbraten : Klare braune Soße S. 32.

Kalbsbraten, kalt : Persillade S. 106.

Kalbsbrust, gebraten : Jägersoße S. 30, Mandelsoße S. 108.

Kalbsfilet : Morchelsoße S. 30.

Kalbfleisch aller Art : Mandelsoße S. 108.

Kalbfleisch, eingemachtes : Champignon-Soße Nummer eins S. 24.

Kalbfleisch, gedünstet : Curry-Soße S. 25.

Kalbfleisch, gekocht : Petersiliensoße S. 40.

Kalbfleisch, geschmort : Petersiliensoße S. 40.

Kartoffeln : Petersiliensoße S. 40, Nußsoße S. 131.

Kartoffeln, Savoyer Art : Polnische Gurkensoße S. 96.

Kasseler : Diana- oder Pfeffersoße S. 31.

Kasseler, kalt : Weinkräutersoße S. 88.

Klopse : Champignon-Soße Nummer eins S. 24, Duchesse-Soße S. 24, Brasilianische Zitronensoße S. 121.

Kohleintopf : Knoblauchbutter S. 59.

Kohlrouladen : Paprikasoße, kalorienarm S. 118, Römische Soße S. 120.

Krabben : Antiber-Soße S. 38, Cocktail-Sauce S. 50.

Krustentiere : Holländische Soße S. 33.

Lachs, gedünstet : Butter nach Haushofmeisters Art S. 59, Reiche Soße S. 25, Rachel-Soße S. 36, Kaviarsoße S. 35.

Lachs, geräuchert : Kalte Meerrettich-Soße S. 41, Schwedische Fischsoße S. 128.

Lachsforelle : Choron-Soße S. 36.

Lamm, gedünstet : Soubise-Soße S. 24, Curry-Soße S. 25.

Lammbraten : Pfefferminzsoße, kalt S. 43, Mint Sauce S. 52, Karottensoße aus England S. 116, Curry-Soße S. 25.

Lammkeule : Teufelssoße S. 30, Klare braune Soße S. 32, Tiroler-Soße S. 38, Cumberland-Soße Nummer eins S. 44, Roquefort-Soße S. 102, Jagdsoße S. 113, Curry-Soße S. 25.

Lammragout : Curry-Ketchup S. 50, Curry-Soße S. 25.

Pastetchen : Worchester-Sauce S. 55.

Pilze : Creme-Soße S. 23.

Pökelzunge : Madeirasoße S. 29, Pikante Soße S. 31, Portugiesische Soße S. 31, Weinkräutersoße S. 88.

Pökelzunge, kalt : Tiroler-Soße S. 38.

Pörkölt : Puszta-Sauce S. 53.

Poularde : Orangen Püree S. 76, Windermere Soße S. 77, Knoblauchsoße S. 93, Rote Mandelsoße S. 78, Morchelsoße S. 30, Klare braune Soße S. 32.

Puter : Prima Putersoße S. 85, Spanische Soße S. 86.

Quarkauflauf : Tomatensoße Nummer eins S. 122, Tomatensoße Nummer zwei S. 123, Tomatensoße Nummer drei S. 123.

Quarkspeisen : Sauerkirschsoße süß S. 133, Apfelsoße S. 41.

Räucherfische aller Art : Schwedische Fischsoße S. 128.

Ragout fin : Worchester-Sauce S. 55.

Ragouts : Jägersoße S. 30, Paprikasoße S. 32, Mint Sauce S. 52, und Sangrita S. 53, zum Abschmecken.

Rebhuhn : Brotsoße S. 43.

Rehgulasch : Pikante Soße S. 31.

Rehmedaillons : Estragonbutter S. 60, Jagdsoße S. 113.

Rehrücken : Bigarade-Soße S. 30, Klare braune Soße S. 32, Cumberland-Soße Nummer eins S. 44, Cumberland-Soße Nummer zwei S. 114, Jagdsoße S. 113.

Risotto : Zigeuner Soße S. 124, Kreolische Soße Nummer zwei S. 124.

Roastbeef : Husarensoße S. 32, Holländische Soße S. 33, Choron-Soße S. 36, Rachel-Soße S. 36, Sardellenbutter S. 60, Evas Fleischsoße S. 98, Sauce Souwaroff S. 99, Rote Fleischsoße S. 99, Mayonnaise mit Zwiebeln S. 100, Roastbeef-Senf S. 100, Avocado-Soße S. 101.

Schweizer Rösti : Polnische Gurkensoße S. 96.

Rosenkohl : Zerlàssene Butter S. 57, Braune Butter S. 57.

Rostbraten : Paprikaschotenbutter S. 61.

Rouladen : Portugiesische Soße S. 31, Zingara Soße S. 31.

Salat : Kapernsauce S. 24.

Salatsoße : Ravigote Soße S. 40, Mangari S. 51, Mango-Chutney S. 51, Mango Sauce S. 51.

Sauerbraten, kalt : Cumberland-Soße Nummer eins S. 44.

Sauerbraten-Marinade : Peppersteak-Sauce S. 52.

Schaschlik : Mexican Relish S. 52, Schaschlik-Sauce S. 53, Kaukasische Schaschliksoße S. 103, Schaschliksoße Nummer zwei S. 103.

Schellfisch, gekocht oder gedünstet : Russischer Dressing S. 39, Krabbensoße S. 26.

Schinken, gebraten : Bigarade Soße S. 30, Zingara Soße S. 31.

Schinken, warm gekocht : Robert-Soße S. 29.

Schnitzel, nature : Morchelsoße S. 30, Rahmsoße S. 30, Husarensoße S. 32, Currybutter S. 61, Sardellensoße, kalt : S. 107.

Sellerie : Bordeaux-Soße S. 29.

Sied-Tellerfleisch : Englische Soße S. 38, Frankfurter Soße S. 39, Kalte Meerrettichsoße S. 41, Meerrettichbutter S. 61, Erdnußsoße S. 95, Pesto genovese S. 96, Polnische Gurkensoße S. 96, Siedfleischsoße aus Österreich S. 97, Melonensoße S. 97, Sauce Vinaigrette S. 40, Meerrettich-Brotsoße S. 42, Senfbutter S. 60, Weinkräutersoße S. 88, Meerrettichsoße mit Apfelwein S. 94, Meerrettichsoße S. 52, Mandelkren aus Österreich S. 95.

Soßen Abrunder : Sangrita S. 53, Chilisauce S. 49, Mint Sauce S. 52.

Spätzle : Jagdsoße S. 113, Mornay-Soße S. 23, Tomatensoße Nummer eins S. 122.

Spaghettigerichte : Tomaten-Ketchup S. 54, Jägersoße S. 30. Italienische Soße S. 30, Mornay-Soße S. 23.

Spargel : Toulouser Soße S. 25, Holländische Soße S. 33, Malteser-Soße S. 34, Mousseline-Soße S. 34, Zerlassene Butter S. 57, Braune Butter S. 57, Kräutersoße S. 24, Chantilly-Soße S. 24, Grüne Soße S. 130, Bozner Soße S. 131, Devonshire Soße S. 24.

Spargel, kalt : Sauce Vinaigrette S. 40, Fischer-Soße S. 40.

Spiegeleier : Chilisauce S. 49.

Spinat-Eierkuchen : Tomatensoße Nummer eins S. 122, Tomatensoße Nummer zwei S. 123, Tomatensoße Nummer drei S. 123.

Sülzen aller Art : Sauce Vinaigrette S. 40, Piccallili-Sauce S. 42.

Steak : Madeira-Soße S. 29, Bordeaux-Soße S. 29, Teufelssoße S. 30, Diana- oder Pfeffersoße S. 31, Husarensoße S. 32, Klare braune Soße S. 32, Holländische Soße S. 33, Choron-Soße S. 36, Peppersteak-Sauce S. 52, Sardellenbutter S. 60, Paprika-

Zander : Paprikasoße S. 32, Zerlassene Butter S. 57.

Zwiebeln, gedämpft : Nußsoße S. 131.

SOSSEN-REGISTER

Eigene Notizen:

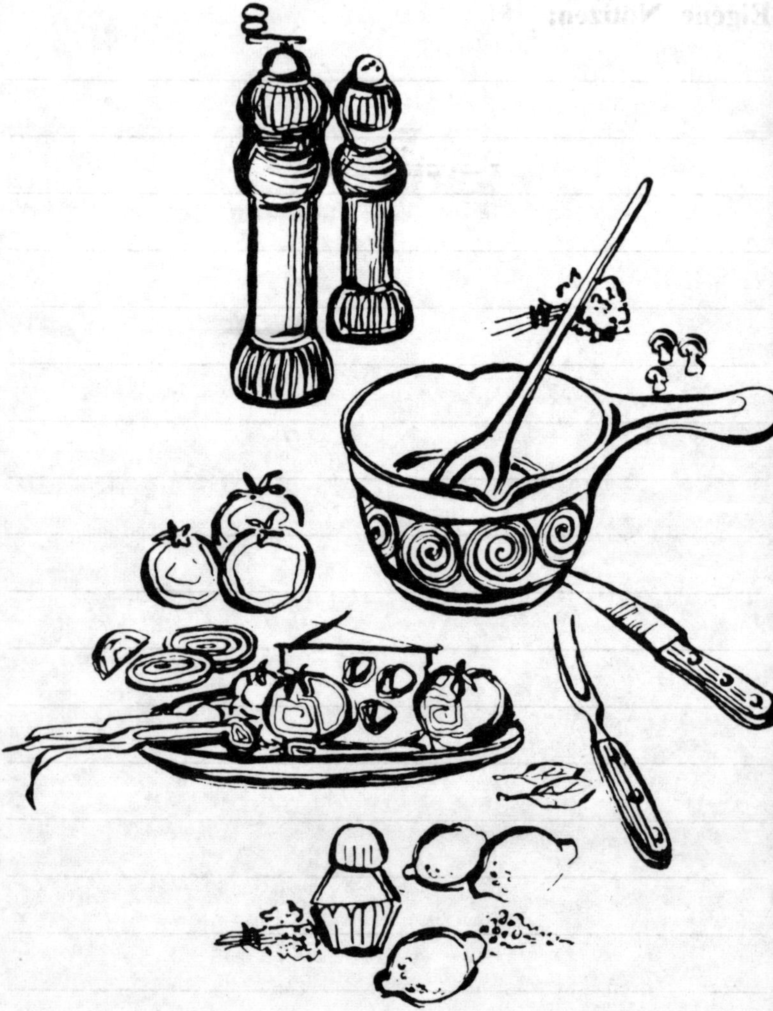

DAS KOCHBUCH IM KOCHBUCH

Elf Fertigsoßen und ihre neunund-vierzig Varianten

Fertigsoßen hat es schon vor 40 Jahren gegeben — ich meine nicht die in Flaschen, von denen viele viel älter sind —, richtig hat das Zeitalter der Würfelsoßen erst vor 10 Jahren begonnen. Während 1960 103 Millionen Würfel für je einen Viertelliter angerührt wurden, waren es 1972 schon 364 Millionen Schächtelchen. Denn die Hausfrauen erkennen immer mehr die Vorteile einer industriell vorgefertigten Soße:

- die Zubereitung ist problemlos
- die Zubereitung ist sicher (es gibt keine Klümpchen)
- die Soße ist von gleichbleibender Qualität
- außerdem bleiben Geschmack und Farbe gleich
- die Soße erspart Arbeit und Zeit
- Fertigsoßen hat man stets zur Hand, man kann sie im Vorrat halten
- Fertigsoßen sind kalorienärmer als hausgemachte
- Fertigsoßen enthalten keine Röststoffe und sind deshalb gut verträglich (auch in der Diät anwendbar)
- außerdem sind Fertigsoßen aus natürlichen Rohstoffen hergestellt und ohne chemische Zusätze.

Aus diesem Grund wurde dieser Anhang dem RÖMERTOPF-Saucenbuch zugefügt, damit es so vollständig und praktikabel wie möglich ist. Die Rezepte wurden im Maggi-Kochstudio entwickelt.

Wie und wann verwendet man Fertigsoßen?

Die Bratensoßen und ihre Varianten gehören zum Fleisch. Sie sind für die RÖMERTOPF-Köchin besonders wichtig, da sie bei einem RÖMER-Braten am meisten die Soße vermißt.

Mit Fertigsoßen kann man aber auch hausgemachte Soßenreste verlängern, den beim Tossieren entstehenden Saft leicht in eine Soße verwandeln oder aber insgesamt Reste attraktiver machen. Fertigsoßen sind auch selbstständige Beilagen zu Kartoffeln, Nudeln oder Reis und zu anderen Gerichten. Auch kann man mit ihnen Überbacken, Gratinieren oder Toastbrote überziehen. Fertigsoßen sind die Grundlagen zu vielen Varianten, die ganz vom persönlichen Geschmack abhängen. Das zeigen in einigen Beispielen unsere Rezepte. Sie sollen Sie anregen, weitere Soßen zu RÖMERTOPF-Gerichten zu erfinden. Dabei gibt es für die ungeübte Hausfrau eine große Erleichterung: das richtige Abschmecken und Würzen zu einem runden Geschmack wurde ihr schon von erfahrenen Köchen abgenommen. Sie braucht also die Soße nicht mehr abzuschmecken, da sie geschmacklich »steht«. Sie kann ihr aber noch eine individuelle Würznote geben.

Die Maggi Fertigsoßen werden auf dem Markt angeboten:

1. im Schächtelchen für 1/4 l fertige Soße
2. im Glas: für 1 l fertige Soße
3. in der Dose als Naßkonserve für 0,19 l fertige Soße.

Instantsoßen sind sofort löslich. Sie können in kochende Flüssigkeit eingestreut werden, lösen sich und binden sich sofort. Es bilden sich keine Klümpchen, man braucht sie nicht anzurühren. Sie sind für die RÖMERTOPF-Köchin geradezu ideal, wenn sie im RÖMERTOPF ihr Gericht mit einer Soße binden will.

Für die, die es genau wissen wollen oder Diät kochen müssen:

Nährwert, Kalorienwert und BE-Angaben der Soßen bezogen auf 1/4 l ist:

	Eiweiß g	Fett g	Kh g	Kcal	BE
Instant Bratensaft	4,0	7,0	9,5	120,5	1,1
Bratensaft	5,0	8,0	6,5	121,6	1,1
Del. Bratensoße	3,5	8,0	10,0	129,8	1,1
Bratensoße	3,0	2,5	12,0	84,8	0,8
Instant Bratensoße	5,0	3,0	13,5	103,8	0,9
Champignon-Soße	5,0	5,0	17,5	138,8	1,2
Currysoße	17,0	8,0	16,5	211,8	1,9
Gulaschsoße	3,0	6,0	17,0	137,8	1,2
Instant Helle Soße	3,5	6,0	16,5	137,9	1,2
Jägersoße	5,0	6,5	14,0	138,4	1,2
Kräutersoße	5,0	5,0	15,0	128,5	1,1
Rahmbraten-Soße	6,0	18,0	17,5	263,8	2,3
Pilzsoße	5,5	4,5	22,5	156,8	1,4
Tomatensoße	3,5	6,0	26,5	178,9	1,6
Holländische Soße	5,6	14,7	19,4	240,0	
Schweinebraten-Soße	2,4	6,3	16,2	135,0	

Soßen in Dosen je 1/4 l

Jägersoße	6,5	1,0	18,5	111,9	1,0
Burgundersoße	12,5	4,0	16,5	156,2	1,4
Sauce à la Stroganoff	11,5	11,0	18,0	223,3	2,0
Paprikasoße	9,5	10,5	22,0	226,9	2,0
Champignon-Soße	6,0	15,0	17,0	223,8	2,1
Bratensoße pikant	5,0	6,5	16,0	146,6	1,3
Spaghetti-Soße				266,0	

Anmerkung:
Beim Kalorienwert der Soßen darf man nicht vergessen, daß pro Person immer nur ein Teil von 1/4 l Soße gegessen wird. (1/4 l = für 4 Portionen berechnet).

BAY KERAMIK
* SOSSENTOPF
Ein Beitrag zur Esskultur rund um den Tisch.
Zeitgemäßes Design, formschön und zweckmäßig aus flammfester Keramik geformt, geben diesem Topf seine unverwechselbare Note.
Er eignet sich gleichermaßen gut zur Zubereitung von heißen und kalten Speisen sowie Suppen und Soßen, die nach der Zubereitung direkt in ihm serviert werden können.
Ein praktischer Helfer in der Küche und die ideale Ergänzung zum Bay-RÖMERTOPF.

Senfsoße

1/4 l Wasser oder *1/4 l Brühe*	(aus 1/4 l Wasser und 1 KL Instant Klare Brühe zubereitet)
1 EL MAGGI Instant *Helle Soße*	daraus nach Anweisung eine helle Grundsoße bereiten
2 EL Delikateß Senf *oder 1 1/2 EL scharfen* *»Düsseldorfer« Senf*	unterrühren
1 Prise Zucker *etwas Salz* *etwas Essig* *10 g Butter*	zum Abschmecken

Die helle Grundsoße kann variiert werden mit:

2 EL Meerrettich zu einer Meerrettichsoße
2-3 EL Kapern zu einer Kapernsoße
2-3 EL Tomatenmark zu einer Tomatensoße

Meerrettichsoße

1 Apfel	reiben
1 KL Öl	heiß werden lassen, geriebenen Apfel darin dünsten
1/8 l Milch *1/8 l Wasser* *2 EL MAGGI Instant* *Helle Soße*	Flüssigkeit zugeben, Instant Helle Soße nach Anweisung darin zubereiten

1 Eigelb	zum Legieren
2 EL geriebenen Meerrettich *½ KL Meerrettichsenf* *etwas Salz* *1 Prise Zucker*	zum Abschmecken
2 EL geschlagene Sahne	unterheben

Diese Soße reichen zu: gekochtem Rindfleisch, gedünstetem Fisch, kaltem Braten, Fondue

Dänische Soße

¼ l Wasser *2 EL MAGGI Instant* *Helle Soße*	nach Anweisung zubereiten
¼ Dose Champignons *(in Scheiben)* *1 KL Sardellenpaste*	Pilze mit der Sardellenpaste zur Soße geben
Zitronensaft	zum Abschmecken

Diese Soße reichen zu: Fleischklopsen, Fischgerichten

Amerikanische Soße

¼ l Wasser *1 Schächtelchen MAGGI* *Holländische Soße*	nach Anweisung zubereiten
100 g Salat-Mayonnaise	in die heiße Soße rühren, abkühlen lassen

1 Gewürzgurke
50 g Tomatenpaprika
4 EL Tomaten-Ketchup
gehackte Kräuter — Gewürzgurke und Tomatenpaprika kleinschneiden, mit Tomaten-Ketchup und Kräutern zur Soße geben

etwas Zitronensaft
MAGGI Würzflüssigen
»PFEFFER« — zum Abschmecken

Diese Soße reichen zu : kaltem Schweine- oder Kalbsbraten, Roastbeef, Fondue

Soße Béarnaise

1 EL Essig
1-3 EL Weißwein
3 Pfefferkörner
1/4 Lorbeerblatt
etwas Wasser — alles 10 Minuten kochen lassen, Sud durch ein Sieb gießen, mit Wasser auf 1/4 l Flüssigkeit ergänzen

1 Schächtelchen MAGGI
Holländische Soße — nach Anweisung darin zubereiten

25-50 g Butter — in Stückchen geteilt unter schlagen

etwas Salz
1 Prise Zucker
MAGGI Würzflüssigen
»ZWIEBEL« — zum Abschmecken

Diese Soße reichen zu: gegrilltem Fleisch, Filetsteaks, Rumpsteaks, gebratenen Fleischklopsen, gedünstetem oder gekochtem Fisch

Malta Soße

¼ l Orangensaft *1 Schächtelchen MAGGI* *Holländische Soße*	nach Anweisung zubereiten
1 Eigelb *25-50 g Butter*	nach und nach unter die Soße rühren
abgeriebene Orangenschale *Zitronensaft* *1 Prise Zucker* *etwas Salz* *1 EL Sahne*	zum Abschmecken

Diese Soße reichen zu: Geflügel, kaltem Braten, Fondue, Stangenspargel

Béchamel-Soße

50 g milden Schinkenspeck	würfeln, glasig werden lassen
¼ l Milch *1 Schächtelchen MAGGI* *Holländische Soße*	Milch zufügen, Holländische Soße nach Anweisung darin zubereiten
MAGGI Würzmischung 2	zum Abschmecken

Diese Soße reichen zu: Geflügelgerichten, Béchamel-Kartoffeln, Dicken Bohnen

Traubensoße

⅛ l Traubensaft *⅛ l Wasser* *1 Schächtelchen MAGGI* *Holländische Soße*	nach Anweisung zubereiten

125 g Weintrauben	halbieren, entkernen, zufügen, in der Soße etwas durchziehen lassen
2 EL Sahne *1 Eigelb* *1 EL Sherry*	miteinander verrühren und zur Soße geben
MAGGI Würzflüssigen »PFEFFER«	zum Abschmecken

Diese Soße reichen zu: gebratener Putenkeule, gebratener Ente, gekochter Rinderzunge, Fondue

Schwedische Soße

1/4 l Wasser *1 Schächtelchen MAGGI Holländische Soße*	nach Anweisung zubereiten, abkühlen lassen
2 EL saure Sahne	unterrühren
1 EL geriebenen Meerrettich *1 EL Apfelmus* *2 KL Senf* *Zitronensaft* *MAGGI Würzflüssigen »PFEFFER«* *feingehackten Dill*	zufügen und abschmecken

Diese Soße reichen zu: gedünstetem oder gebratenem Fisch, Hackbraten, Schweinebraten, gebratener Leber
Soße kann auch warm serviert werden.

Bunte Kräutersoße

1/4 l Wasser *1 Schächtelchen MAGGI* *Delikateß Kräutersoße*	nach Anweisung zubereiten
100 g Salat-Mayonnaise	in die heiße Soße rühren
1 kleine Gewürzgurke *1 EL Tomatenpaprika*	würfeln, zur Soße geben
2 EL Joghurt *1 KL Zitronensaft*	zufügen
MAGGI Würzflüssigen *»PFEFFER«* *1 Prise Zucker*	zum Abschmecken

Diese Soße reichen zu: gekochtem und gedünstetem Fisch, gekochtem Fleisch, Eiern

Kräutersoße Lyoner Art

1/4 l Wasser *1 Schächtelchen MAGGI* *Delikateß Kräutersoße*	nach Anweisung zubereiten
3 EL Weißwein *1 EL Sahne* *1 Prise Zucker*	zum Abschmecken

Diese Soße reichen zu: gekochtem und gedünstetem Fisch, hartgekochten Eiern, gekochtem Rindfleisch

Dalmatinische Kräutersoße

1/4 l Wasser *1 Schächtelchen MAGGI* *Delikateß Kräutersoße*	nach Anweisung zubereiten

1 Eigelb	zum Legieren
10 g Butter	zum Abschmecken

Diese Soße reichen zu: kurzgebratenem Fleisch, hartgekochten Eiern, Kasseler-Braten

Kalte Kräutercreme-Soße

1/4 l Milch *1 Schächtelchen MAGGI* *Delikateß Kräuter Soße*	nach Anweisung zubereiten, abkühlen lassen
2 EL geschlagene Sahne	unter die Soße heben

Diese Soße reichen zu: gegrilltem oder gebratenem Fisch, Fischstäbchen, kaltem Braten, Fondue

Kräutersoße au gratin

1/4 l Milch *1 Schächtelchen MAGGI* *Delikateß Kräuter Soße*	nach Anweisung zubereiten
50 g Roquefort-Käse	in der Soße glattrühren

Diese Soße reichen zu: gedünstetem oder gekochtem Fisch, Filetsteaks, Rumpsteaks
Diese Soße eignet sich auch zum Überbacken

Indische Currysoße

1 Ingwerknolle *(in Sirup eingelegt)* *1 EL Kokosflocken* *1/2 KL Curry* *1 KL Butter/Margarine*	Ingwerknolle fein schneiden, Fett heiß werden lassen, Ingwer, Kokosflocken und Curry darin anschwitzen

1/8 l Weißwein *1/8 l Wasser* *1 Schächtelchen MAGGI* *Delikateß Curry Soße*	Wein und Wasser zufügen, Curry Soße nach Anweisung darin zubereiten
1 EL saure Sahne *etwas Sojasauce*	unterrühren
etwas Salz *1 Prise Zucker* *MAGGI Würzflüssigen* *»PFEFFER«*	zum Abschmecken

Diese Soße reichen zu: Schweinelende, Kotelett, Kalbsbraten, Bratwurst, Fleischspießchen, Schaschlik, gegrilltem Hähnchen, Poularde, Fischgerichten, hartgekochten Eiern

Currysoße Malaiische Art

Saft einer Orange *Wasser* *1 Schächtelchen MAGGI* *Delikateß Curry Soße*	Orangensaft mit Wasser auf 1/4 l Flüssigkeit ergänzen, Curry Soße nach Anweisung darin zubereiten
1 Ingwerknolle *(in Sirup eingelegt)*	fein schneiden, zur Soße geben
1 EL Mango Chutney *1 EL Sahne*	zum Abschmecken

Diese Soße reichen zu: gegrillter Schweinelende, Kalbsbraten, gekochten Eiern, Fondue Bourguignonne, Fischgerichten

Curry-Apfel-Mayonnaise

1 Apfel *1 EL Öl*	Apfel würfeln, Öl heiß werden lassen, Apfelwürfel darin dünsten
¼ l Wasser *1 Schächtelchen MAGGI Delikateß Curry Soße*	Wasser zufügen, Curry Soße nach Anweisung darin zubereiten, abkühlen
100 g Salat-Mayonnaise	unterrühren
Curry *MAGGI Würzflüssigen »ZWIEBEL«*	zum Abschmecken

Diese Soße reichen zu: Roastbeef, kaltem Braten, Kalbfleisch, gebratenem Fischfilet, Geflügel

Kalte Currysoße

¼ l Wasser *1 Schächtelchen MAGGI Delikateß Curry Soße*	nach Anweisung zubereiten
100 g Salat-Mayonnaise	unterrühren, Soße abkühlen lassen
2 Tomaten *¼ Banane*	Tomaten abziehen, mit der Banane würfeln, beides in die Soße geben
1 EL Apfelmus *1 KL Mango Chutney*	zufügen

Zitronensaft *MAGGI Würzflüssigen* *»PFEFFER«*	zum Abschmecken

Diese Soße reichen zu: kaltem Schweinebraten, hartgekochten Eiern, Fondue, Fischgerichten

Zigeuner Soße (kalt)

¼ l Wasser *1 Schächtelchen MAGGI* *Delikateß Tomaten Soße*	nach Anweisung zubereiten
100 g Salat-Mayonnaise	unterrühren, Soße abkühlen lassen
5 Sardellenfilets *1 Bund Schnittlauch* *1 Bund Petersilie*	Sardellen wässern, hacken Schnittlauch und Petersilie kleinschneiden, alles zur Soße geben
MAGGI Würzmischung 1 *MAGGI Würzflüssigen* *»ZWIEBEL«*	zum Abschmecken

Diese Soße reichen zu: Schaschlik, Roastbeef, kaltem Schweinebraten, Bratwurst, gedünstetem Fisch, Fondue, hartgekochten Eiern

Portugiesische Soße

1 Zwiebel *1 EL Öl*	Zwiebel würfeln, in heißem Öl anbraten
¼ l Wasser *1 Schächtelchen MAGGI* *Delikateß Tomaten Soße*	Wasser zufügen, Tomaten Soße nach Anweisung darin zubereiten

Pfeffer *MAGGI Würzflüssigen* *»KNOBLAUCH«*	zum Abschmecken
1 KL gehackte Petersilie	vor dem Servieren unterrühren

Diese Soße reichen zu: Rouladen, Zunge, Kalbsnierenbraten, Fischgerichten

Sauce Julienne

1/4 l Wasser *1 Päckchen tiefgefrorenes Suppengrün* *1/2 Lorbeerblatt* *etwas gemahlenen Ingwer*	zusammen aufkochen
1 Schächtelchen MAGGI Bratensaft	nach Anweisung darin zubereiten

Diese Soße reichen zu: Geflügel

Preiselbeersoße

1/4 l Wasser *1 Schächtelchen MAGGI Bratensaft*	nach Anweisung zubereiten
2 EL Kondensmilch *2 EL Preiselbeeren*	zufügen

Diese Soße reichen zu: Wildschweinbraten, Wildsteak, gebratenem Schnitzel, gebratener Leber, gebratenem Rinderfilet, gebratenem Rehrücken, gebratener Rehkeule

Sauce Hachée

20 g Fett *1 Dose Champignons* *(in Scheiben)*	abtropfen lassen und anbraten
¼ l Pilzwasser *1 Schächtelchen MAGGI* *Bratensaft*	Pilzwasser zufügen, Bratensaft nach Anweisung darin zubereiten
1 EL Kapern *1 kleine Gewürzgurke* *2 EL Petersilie*	feinhacken und dazugeben
MAGGI Würzflüssigen *»ZWIEBEL«* *1 Prise Zucker*	zum Abschmecken

Diese Soße reichen zu: Steaks, Fleischfondue

Spanische Soße

50 g fetten Speck	in kleine Würfel schneiden, etwas anbraten
1 kleine Möhre	in feine Stifte schneiden und zu den Speckwürfeln geben
1 EL Wasser	zufügen, 10 Minuten dünste lassen
1 EL Tomatenketchup *½ Lorbeerblatt* *etwas Thymian*	hinzugeben, kurz mitdünsten
1 Glas Weißwein	zufügen
1 *½ - 2 EL MAGGI* *Instant Bratensoße*	einrühren, einmal aufkochen lassen

MAGGI Würzflüssigen »ZWIEBEL«	
MAGGI Würzflüssigen »PFEFFER«	zum Abschmecken

Diese Soße reichen zu : Rinderbraten, Schweinebraten, Hackbraten, gebratenen Hähnchenkeulen

Polnische Soße

1/4 l Wasser	
1 Schächtelchen MAGGI Delikateß Bratensoße	nach Anweisung zubereiten
MAGGI Würzflüssigen »MADEIRA«	
1 Prise Zimt	
Piment	
etwas abgeriebene Zitronenschale	
1 EL Kalifornische Rosinen	
1 EL gehackte Mandeln	
1 Stückchen Butter	zum Abschmecken

Diese Soße reichen zu : Schmorbraten, gebratenem Schnitzel, gegrilltem Hähnchen, Karpfen

Orangensoße

1/8 l Wasser	
1/8 l Orangensaft	
1 Schächtelchen MAGGI Delikateß Bratensoße	nach Anweisung zubereiten

1/2 Orange	dünn schälen, Schale in ganz feine Streifen schneiden und in der Soße kurz ziehen lassen
etwas Sherry	zum Abschmecken

Diese Soße reichen zu: allen Arten von Wildbraten, gebratener Ente, gebratener Pute, Putenkeule

Perlzwiebelsoße

1/4 l Wasser *1 Schächtelchen MAGGI Delikateß Bratensoße*	nach Anweisung zubereiten
2 EL Perlzwiebeln	zufügen
MAGGI Würzflüssigen »ZWIEBEL«	zum Abschmecken

Diese Soße reichen zu: Frikadellen, Hackbraten, gekochtem Rindfleisch

Apfel-Zwiebel-Soße

1 Zwiebel *1 Apfel* *30 g Fett*	Zwiebel und Apfel in Würfel schneiden und anbraten
1/4 l Wasser *1 Schächtelchen MAGGI Delikateß Bratensoße*	Wasser zufügen, Bratensoße nach Anweisung darin zubereiten

Diese Soße reichen zu: gebratener Leber, Bratwurst, Hackbraten, Frikadellen

Husaren Soße

1 Zwiebel *50 g gekochten Schinken* *30 g Fett*	Zwiebel und Schinken in Würfel schneiden und anbraten
¼ l Wasser *1 Schächtelchen MAGGI Delikateß Bratensoße*	Wasser zufügen, Bratensoße nach Anweisung darin zubereiten
1 KL geriebenen Meerrettich *1 EL gehackte Petersilie*	dazugeben
MAGGI Würzflüssigen »ZWIEBEL« *MAGGI Würzflüssigen »KNOBLAUCH«*	zum Abschmecken

Diese Soße reichen zu: Rinderbraten, Schmorbraten, Kalbsbraten

Sardellensoße

1 Zwiebel *1 EL Öl*	Zwiebel kleinschneiden und anbraten
¼ l Wasser *1 Schächtelchen MAGGI Delikateß Bratensoße*	Wasser zufügen, Bratensoße nach Anweisung darin zubereiten
2 Sardellenfilets	wässern, kleinschneiden und in die Soße geben

Diese Soße reichen zu: gekochten Hackfleischklößchen, gebratenen Frikadellen, gedünsteten Fischgerichten

Budapester Soße

30 g Speck *30 g Salami*	beides in Streifen schneiden und anbraten
¼ l Wasser *1 Schächtelchen MAGGI Delikateß Bratensoße*	Wasser zufügen, Bratensoße nach Anweisung darin zubereiten
2 EL Rotwein *MAGGI Würzflüssigen »KNOBLAUCH«*	zum Abschmecken

Diese Soße reichen zu: gekochtem Rindfleisch, Hackbraten, gebratenem Kotelett, gebratenem Schnitzel

Pikante Rosinensoße

⅛ l Wasser *⅛ l Rotwein* *1 Schächtelchen MAGGI Delikateß Bratensoße*	nach Anweisung zubereiten
1 EL Kalifornische Rosinen *1 EL Mandelblättchen*	zufügen
Zitronensaft *etwas Kardamom* *Pfeffer*	zum Abschmecken

Diese Soße reichen zu: Schmorbraten, Sauerbraten

Puszta-Soße

50 g durchwachsenen, geräucherten Speck	in Würfel schneiden, anbraten
1/4 l Wasser *1 Schächtelchen MAGGI Delikateß Bratensoße*	Wasser zufügen, Bratensoße nach Anweisung darin zubereiten
MAGGI Würzflüssigen »PAPRIKA« *MAGGI Würzflüssigen »KNOBLAUCH«*	zum Abschmecken

Diese Soße reichen zu: gebratenem Kotelett, Zigeuner Schnitzel, Zigeuner Braten

Pikante Soße

1 Zwiebel	im Mixer pürieren
1 KL Öl	zum Andünsten der Zwiebel
1/4 l Wasser *1 Schächtelchen MAGGI Delikateß Schweinebraten Soße*	Wasser zufügen, Schweinebraten Soße nach Anweisung darin zubereiten
1 kleine Gewürzgurke	in Würfel schneiden, in die Soße geben
MAGGI Würzflüssigen »KÜMMEL«	zum Abschmecken

Diese Soße reichen zu: Schweinebraten, Hackbraten, Rinderbraten

Kümmelsoße

1/4 l Wasser *1 Schächtelchen MAGGI* *Delikateß Schweinebraten* *Soße*	nach Anweisung zubereiten
2 EL Sahne *MAGGI Würzflüssigen* *»KÜMMEL«*	zum Abschmecken

Diese Soße reichen zu: Schweinebraten, Lammbraten, gefüllten Kohlrouladen

Zwiebelsoße

1 Zwiebel *30 g Fett*	Zwiebel in Ringe schneiden und anbraten
1/4 l Wasser *1 Schächtelchen MAGGI* *Delikateß Schweinebraten Soße*	Wasser zufügen, Schweinebraten Soße nach Anweisung darin zubereiten

Diese Soße reichen zu: Frikadellen, gebratenem Kotellet, gebratener Leber

Pfeffersoße

1/4 l Wasser *1 Schächtelchen MAGGI* *Delikateß Schweinebraten Soße*	nach Anweisung zubereiten
1 EL grüne, eingelegte *Pfefferkörner*	zufügen

MAGGI Würzflüssigen »PFEFFER«	zum kräftigen Abschmecken

Diese Soße reichen zu: Steaks, Rinderbraten, Roastbeef

Sauce Bigarade

$^1/_2$ Orange	hauchdünn schälen, die Schale in Streifen schneiden
Saft 1 Orange *$^1/_2$ Kaffeetasse Rotwein* *2 KL Johannisbeergelee*	dazugeben, einmal aufkochen
$^1/_4$ l Wasser *1 Schächtelchen MAGGI Delikateß Rahmbraten Soße*	Wasser zufügen, Rahmbraten Soße nach Anweisung darin zubereiten

Diese Soße reichen zu: allen Arten von Wildbraten, Rinderbraten

Mandarinensoße

1 Dose Mandarinen (200 g)	abtropfen lassen
$^1/_8$ l Mandarinensaft *$^1/_8$ l Wasser* *1 Schächtelchen MAGGI Delikateß Rahmbraten Soße*	in Mandarinensaft und Wasser Rahmbraten Soße nach Anweisung zubereiten, Mandarinenspalten dazugeben

Diese Soße reichen zu: gebratenen Wildgerichten, gebratener Ente, gebratener Pute, Putenkeule

Lyoner Soße

2 Zwiebeln *30 g Fett*	Zwiebeln in feine Würfel schneiden und anbraten
1 KL Tomatenmark *1 Glas Weißwein* *1/8 l Wasser*	zufügen
1 Schächtelchen MAGGI Delikateß Rahmbraten Soße	nach Anweisung darin zubereiten
MAGGI Würzflüssigen »PFEFFER« *etwas Zitronensaft*	zum Abschmecken

Diese Soße reichen zu: Schweine- und Rinderbraten, gebratenem Geflügel, gedünstetem Fisch

Madeira-Soße

1/8 l Wasser *1/8 l Madeira* *1 Schächtelchen MAGGI Delikateß Rahmbraten Soße*	in Wasser und Madeira die Soße nach Anweisung zubereiten
1 Prise Zucker *MAGGI Würzflüssigen »KNOBLAUCH«*	zum Abschmecken

Diese Soße reichen zu: gekochter Zunge, gekochtem Rindfleisch, gekochtem Schinken

Hackfleischsoße

30 g Fett *1 kleingehackte Zwiebel* *250 g Hackfleisch* *(halb + halb)*	Fett heiß werden lassen, Zwiebel und Hackfleisch darin anbraten
1/4 l Wasser *1 Schächtelchen MAGGI* *Delikateß Gulasch Soße*	Wasser zufügen, Gulasch Soße nach Anweisung darin zubereiten
1 Gewürzgurke	in Würfel schneiden, zur Soße geben
MAGGI Würzflüssigen *»PFEFFER«* *MAGGI Würzflüssigen* *»KNOBLAUCH«*	zum Abschmecken

Diese Soße reichen zu: Teigwaren, Semmel-Knödeln, Kartoffel-Klößen

Ungarische Soße

50 g durchwachsenen, *geräucherten Speck* *1 Zwiebel*	beides in Würfel schneiden und anbraten
1/4 l Wasser *1 Schächtelchen MAGGI* *Delikateß Gulasch Soße*	Wasser zufügen und Gulasch Soße nach Anweisung darin zubereiten

MAGGI Würzflüssigen »PAPRIKA«	
2 EL Kondensmilch	zum Abschmecken

Diese Soße reichen zu: Zigeunerbraten, Spickbraten

Paprikasoße

1 Paprikaschote *1 Zwiebel* *20 g Fett*	Paprikaschote und Zwiebel würfeln und anbraten
¼ l Wasser *1 Schächtelchen MAGGI Delikateß Gulasch Soße*	Wasser zufügen, Gulasch Soße nach Anweisung darin zubereiten
MAGGI Würzflüssigen »PAPRIKA«	zum Abschmecken

Diese Soße reichen zu: Paprika-Schnitzel, Paprika-Kotelett, Hackbraten, Hähnchen

Pfifferlingssoße

20 g Fett *1 Zwiebel*	in kleine Würfel schneiden und anbraten
1 kleine Dose Pfifferlinge (oder 125 g frische Pilze)	fein hacken, zu den Zwiebeln geben und schmoren lassen

$^1/_4$ l Pilzwasser *1 Schächtelchen MAGGI* *Delikateß Jäger Soße*	Pilzwasser zufügen, Jäger Soße nach Anweisung darin zubereiten
1 EL Johannisbeergelee	in die Soße rühren und zergehen lassen
MAGGI Würzflüssigen *»MADEIRA«*	zum Abschmecken

Diese Soße reichen zu: gebratenem Schnitzel, gebratenem Kotelett, Wildgerichten

Burgundersoße

50 g durchwachsenen, *geräucherten Speck*	in kleine Würfel schneiden und anbraten
1 kleine Dose Champignons *(in Scheiben)*	kurz mitbraten
$^1/_4$ l Wasser *1 Schächtelchen MAGGI* *Delikateß Jäger Soße*	Wasser zufügen, Jäger Soße nach Anweisung darin zubereiten
$^1/_2$ Glas Burgunder Wein *MAGGI Würzflüssigen* *»ZWIEBEL«*	zum Abschmecken

Diese Soße reichen zu: Rinderbraten, gekochtem Schinken

Pilz-Schinken-Ragout

30 g Fett *1 Zwiebel*	kleinschneiden und anbraten
250 g gekochten Schinken	in Streifen schneiden
1/2 Dose Mischpilze oder Champignons *1/2 l Wasser*	zufügen und alles kurz schmoren
2 Schächtelchen MAGGI Delikateß Jäger Soße	nach Anweisung darin zubereiten
MAGGI Würzflüssigen »MADEIRA« *MAGGI Würzflüssigen »KNOBLAUCH«* *2 EL saure Sahne*	zum Abschmecken

Zu diesem Gericht als Beilage reichen: Reis, Kartoffelklöße, Teigwaren

Jägersoße »Försterin Art«

1/4 l Wasser *1 Schächtelchen MAGGI Delikateß Jäger Soße*	nach Anweisung zubereiten
100 g mageren, gekochten Schinken	in Streifen schneiden, in die Soße geben
MAGGI Würzflüssigen »MADEIRA«	zum Abschmecken

Diese Soße reichen zu: Jägerschnitzel, Rinderbraten, Schweinebraten

Forstmeister-Soße

5 Wacholderbeeren *$^1/_2$ Lorbeerblatt* *5 Pfefferkörner* *1 kleine Zwiebel* *$^1/_4$ l Wasser*	die Gewürze in dem Wasser aufkochen, den Sud durch ein Sieb gießen
Weißwein	den Sud mit Wein auf $^1/_4$ l Flüssigkeit ergänzen
1 Schächtelchen MAGGI Delikateß Jäger Soße	nach Anweisung darin zubereiten
2 EL saure Sahne *1 EL Zitronensaft* *1 Prise Zucker*	zum Abschmecken

Diese Soße reichen zu: Rinderbraten, Schweinebraten, allen Arten von Wildbraten

Eigene Notizen:

Inhaltsverzeichnis:

Des Presses de marabout s.a.
65, rue de Limbourg, B-4800 Verviers (Belgique)